失われるシクロの下で

―ベトナムの社会と歴史―

橋本 和孝 著

ハーベスト社

失われるシクロの下で：目次

はしがき ……………………………………………………… 5

序章　戦争・都市・市場経済と《公共性》………………… 11

第1部　社会階層分析
1章　歴史的社会階層研究 …………………………………… 27
2章　社会階層の現実 ………………………………………… 37
3章　住宅と社会階層 ………………………………………… 47
4章　社会階層論の検討と再構成 …………………………… 57

第2部　貧困・都市の社会学的分析
5章　ベトナム映画「バーガール」の社会学……………… 81
6章　ベトナム都市社会学の一端…………………………… 95
7章　ハノイ中心部と旧市街の地域社会学…………………115

第3部　歴史社会学的分析
8章　ハノイ神光寺の漢越語…………………………………131
9章　東遊運動から東京義塾へ………………………………137
10章　カオダイ・コミュニティの形成と変容………………151
11章　カオダイ教と福善――慈善・社会サービス――…………169

付論　『文明新学策』と『日本維新三十年史』……………183

あとがき……………………………………………195
参考文献……………………………………………199
初出一覧……………………………………………209
索引（人名・事項）………………………………211

はしがき

　インドシナ半島の東側，南シナ海に面したベトナムは，南北に約1,600キロに達しており，2015年度の人口は91,713千人である。2014年時点で人口の66.9％が農村部に居住している一方，都市に居住する者は33.1％である。首都であるハノイの人口は合併の結果7,096千人になったのに対して，旧サイゴンであるホーチミン市は7,982千人で，南部のホーチミン市の都市規模が大きい。民族は，54の民族からなり，最大多数はキン族である。2000年から2006年にかけての対前年名目経済成長率（GDP）は7.7％と高い成長を誇って来た。2007年のそれは7.1％と引き続き高い成長が示されたものの，2008年には6.2％，2009年には6.5％に留まることが想定されていた。6.5％を達成するためには，輸出に対前年13％の増加が必要とされていて（*Vietnam Invest Review*, No.899），世界経済の悪化の下，経済成長に陰りを見せていた。実際2009年は対前年5.4％に過ぎず，2009年から2014年にかけての平均成長率は5.9％に留まった。

　とはいえ65歳以上の人口が7.3％なのに対して15歳未満は25.5％に達し，15歳から30歳代の青年層が42.4％（2007年）に達していた。若年労働力の豊富さからだけ見ても，インドとともに中国に次ぐ世界の投資先として注目を浴びる経済環境の一端を読み取ることが可能である。加えてベトナム人は，手先が器用で，勤勉であり，インドよりも治安が良く，中国南部とは陸路海路とも至近という好環境が，格好の経済環境を醸し出している。反面その好条件自体が南シナ海の領有権問題に見られるように，リスクを生じさせている。

本書は，日本の社会学者による，日本語での最初のベトナム社会と社会学に関するまとまった研究書である。本書に先行する著書はない。ベトナム研究は，もっぱら歴史学，国際関係論，政治学，文化人類学，一部の社会福祉学に委ねられて来たし，多大な成果を蓄積して来た。東アジア，東南アジアにおいては，日本の社会学者は，中国，タイ，インドネシア，最近ではフィリピンへの研究に向かっている。個人だけでなく大掛かりな研究グループが組織され，その成果は日本社会学の財産となっている。翻ってベトナム社会を理解しようとすれば，未だ社会諸科学の先行研究やルポルタージュを利用し，現地統計を利用し，現地調査をし，ベトナム語文献と英語文献を読まねばならない。わずかでも歴史社会学的な研究を目指すならば，漢文をも参考しなくてはならない段階である。

　わが国の社会学文献であれば，大規模書店に行けば，社会学のコーナーがあり，新刊書などは手に入るであろう。またネットで容易く手に入るようになっている。ベトナム社会学のまとまった蓄積を得ようとすらならば，ベトナム社会科学瀚林院の社会学研究所で探すことが可能であろう。しかし，ベトナムの書店で必要な社会学文献が手に入るかどうかは，ほとんど偶然にかかっている。それでもベトナム国家大学ホーチミン市人文社会科学大学の購買部に行けば，ベトナム語のM．ウェーバーやレヴィ＝ストロースの研究に接することは可能だし，ベトナム版「市民社会論」を手にすることも可能である。

　こうして入手したベトナム社会学文献のなかに，Tô Duy Hợp, Khinh Trọng: Một Quan Điểm Lý Thuyết Trong Nghiên Cứu Triết Học Và Xã Hội Học, 2007 と Phạm Tất Dong-Lê Ngọc Hùng (đồng chủ biên), Xã Hội Học: Ấn Bản Mới Nhất, 2008 があった。前者は，直訳すると『軽と重――哲学と社会学の理論的視座』ということになるが，この Khinh Trọng は尊卑と訳すべきであり，聖俗モデルが想起される。トー・ズイ・ホップがここ

で論じていることは，弁証法である。農村社会学的にいえば，1. 農民と非農のジレンマ，2. 農業と工業のジレンマ，あるいは農業と商業のジレンマ，3. 農村と都市のジレンマの理解と解決ということになる。それはより一般的にはマルクス主義と反マルクス主義のジレンマ，実証主義と反実証主義，機能主義と闘争理論，構造主義と行為理論の理解と解決を目指すというものである。ある意味，ギデンズ流の構造化理論に親近性を持つ視座である。もちろん，筆者はこのように整然と整理されたジレンマ論，弁証法的社会学に依拠するものではないが，本書の社会階層分析と社会階級分析もこうしたジレンマを内包する。

後者『社会学　新版』については，既に本書（4章）でも取り上げているが，その序文は次のように述べる。「過去20年以上の間に，社会学の知識は，生産 – ビジネス，管理 – リーダーシップ，教育訓練，文化芸術，スポーツ運動，国防・防衛，科学技術などの生活の様々な分野にますます浸透してきている。社会学的知識と方法を応用しようという要請は，顕著に高まっている」(Phạm Tất Dong, 2008: 3)。いわば応用科学，政策科学としての社会学の発展を指摘している訳だが，本書の社会階層研究でも，ホーチミン市ツーティエムの新都市形成や首都ハノイにおける旧市街研究でも，そうした側面を読み取ることは可能である。

とはいえ，本書が目指しているのは，むしろベトナム社会の社会学的理解と分析にある。まず21世紀初頭日本社会学で高揚した〈公共性〉論を，ベトナム社会に適用すると何が言えるのか，著者の1997年以来の参与観察の経験に基づいて言及した（序章）。具体的に社会分析の基本に位置する第1部社会階層分析では，ベトナム社会学者による社会階層論に基づいた歴史分析を紹介し（1章），ベトナムで初めて実施されたSSM調査法（社会階層と社会調査法）による階層分析を検討した（2章）。また新都市社会学で実施された住宅階級分析とは異なるものの住宅と社会階層の関係について論じている（3章）。最終的にベトナムに

おける社会階層研究を検討し，独自に階級構成表を作成し，ベトナム社会を分析した（4章）。

第2部貧困・都市分析では，ベトナム最大の都市ホーチミン市を舞台に脚光を浴びたベトナム映画「バーガール」を分析し，都市における貧困と女性について論述した（5章）。ベトナム都市社会学の一端では，南部の代表的都市社会学者の研究を紹介しながら，ホーチミン市での貧困対策と都市改造の進行（デュアル・シティ化の可能性）を取り上げている（6章）。他方，歴史都市である首都ハノイの中心部，特に旧市街の変容と課題を明確化した（7章）。

第3部歴史社会学分析では，5編の論文を収める。まずハノイの北部チュクバック湖の近くに立地する仏教寺院，神光寺の門柱に書かれた漢越語に着目し，「国家有永山河固」の意味と寺院の建造時期を検討した（8章）。

次に20世紀初頭フランス植民地下のベトナムにおける独立運動の下で成立した私塾である「東京義塾」で使用された教科書，『文明新学策』に着目し，その内容を詳細に検討し，その執筆時期と福沢諭吉との関連について問題にした（9章）。『文明新学策』が執筆された頃，中国語の『日本維新三十年史』が一部ベトナム知識人の間で閲覧された。学術思想史，政治史，軍政史，外交史など12分野から構成された『日本維新三十年史』の影響が『文明新学策』に及んでいるのか否かを主眼として，これを取り上げた（付論）。

ホアハオ教と並ぶベトナム固有の新興宗教カオダイ教は，宗教社会学的素材として極めて興味深い題材であり，カオダイ教はベトナムにおける最初の大衆運動であったとさえ指摘されている。10章では，宗教コミュニティとしてカオダイ教を分析し，11章では，カオダイ教と慈善・社会活動について論じている。

ところで本書の前提となるのは，坪井善明（2002）の指摘を踏まえて

再構成した伝統社会，開発途上国，社会主義システム，市場経済という四つの社会相である。この四つの相のアマルガメーションの上に今日のベトナムがある。とはいえベトナムの伝統といっても，1000年の中国文明の支配を被った北部と，クメール人の居住地や未開の地であった南部とでは異なるものがあるし，その伝統的要素には，フランス植民地時代の影響もある。社会主義という基準で見れば，首都のハノイの方が，より社会主義的で，旧サイゴンであるホーチミン市の方が，一層市場経済が進んでいることになる。ベトナムにとって日本は，最大の援助国であり，ベトナムが開発途上国であるのは間違いない。

　本書を，ベトナム社会の社会学的理解と分析として把握したとき，ベトナム社会にとって重要な家族の分析が弱い。これは，既に2006年『アジアで考え地域で考える』(ハーベスト社)の第14章で展開しており，参照して欲しい。その意味で，本書は，2006年版の延長線上にある。

序章　戦争・都市・市場経済と《公共性》

1.　戦争の《公共性》

　ベトナムと《公共性》というシェーマを論ずる際，戦争の《公共性》を論ぜざるを得ない。日本では，戦争直ちに悪という憲法の前文および第9条の理念が想起されるが，これをベトナムに適用することはできない。ベトナムの歴史は，外国による占領・支配と独立の戦いの連続なのである。まず中国による紀元前111年から紀元938年にかけての1000年を超える被支配の歴史がある。ベトナムの最初の国家は，文郎国であるといわれ，ベトナムで発行されているガイドブックは，以下のように記述する。紀元前1000年まで文郎国は遡ることができ，後には，甌貉（オウラク）と名づけられた。この民族・文化的コミュニティは，すぐに強力な敵，すなわち漢と対決しなくてはならなかった。漢は中国の南半分のさまざまな民族集団を同化し，一つの広大な国へと統合した。甌貉王国の抵抗は長続きせず，紀元前2世紀に漢の封建王朝によって併合された (The GIOI Publishers 1995: 51)。

　次にフランスの植民地時代を迎える。1862年の6月以降80年以上続く被支配の歴史であり，1899年には仏領インドシナとなった。その後，1940年に

写真序-1　デイエン・ビエン・フーにおいて

写真序 -2　戦車証跡博物館より
（ホーチミン市）

は，日本軍が進駐した。この時期ベトナム民衆は，フランスと日本軍によって二重に支配されるという事態を迎え，それに伴ってベトナム北部で 1945 年前半に飢饉が発生し「200万人」の死者を生み出したと称されることになった。まさに戦争の「反公共性」を象徴するものではあるが，同時に，1941 年にホーチミンが参加した「ベトナム独立同盟（ベトミン）」が結成され，彼らは日本軍とは対立しなかったのである。それどころか日本軍が 1945 年 3 月フランスの支配を無力化したことにより，彼らにとって絶好の機会となったのであり，8 月には武装蜂起がなされ，9 月に「ベトナム民主共和国」の独立が宣言されたのであった。

　しかし，フランスは再度南部サイゴンを支配することとなり，ついに 1946 年にはいわゆる 30 年戦争の第 1 弾，民族の独立をかけた第 1 次インドシナ戦争が始まった。この第 1 次インドシナ戦争は，1954 年北部のディエン・ビエン・フーの戦いによってベトナム軍が勝利し，フランス軍は敗北した。こんにち，少数民族が集まるディエン・ビエン・フーの町に行くと，当時の戦闘の様子を示す，塹壕や戦車，武器が飾ってある。もし戦争を「反公共的」と見なすと，この歴史的勝利を顕彰する行為を説明ができなくなってしまうことになるのである。

　ジュネーブ協定で北緯 17 度線を境界にして南北に分断されたベトナムではあったが，1960 年に南ベトナム解放民族戦線が結成された。1964 年アメリカは，トンキン湾事件を契機に戦争に介入した。戦争はベトナム全土に拡大し，世界的規模で戦争に介入する勢力と反戦あるい

序章　戦争・都市・市場経済と《公共性》

は民族独立を支援する勢力という構図を示すことになった。1975年4月南ベトナム解放民族戦線と北ベトナム軍は，サイゴンを解放し，ここに民族の独立が達成された。解放勢力にとってベトナム戦争（第2次インドシナ戦争）とは抗米救国の民族の独立という戦争の大義，すなわち戦争は《正統性》を示したのである[1]。

2.　王法も村の垣根まで

　《公共性》を論ずる場合，絶えず国家と民衆という関連が問題になる。日本では公儀という用語が，朝廷，幕府を意味したように，公共という用語自体に「国家の」という含意が込められていた。この点は，ベトナムの歴史的公共観とはいささか異なる。ベトナムでは「王法も村の垣根まで」までという有名な諺がある。これは地方の独立，村落自治の完結性を意味するものであるが，国家的《公共性》に対して民衆の《公共性》が対置されている例とみなすことができるし，《共同性》が対置されているとみなすこともできるのである（橋本2002: 54; 56）。この点について，ベトナムの社会

写真序-3　ハノイ市ドンミー社

写真序-4　ドンミー社ドンフー亭

13

科学者達は，筆者のヒアリングに対して，「かつては村落・地方の優位
性があったものの，こんにちでは中央の権威が強い」（A 氏）。あるいは，
「都会では，存続しなくなったけれども，農村にはまだある。都会では
爆竹は法律で禁止になったけれども農村では存続する」（B 氏）と指摘
する[2]。両氏とも社会主義的中央集権化が進行して来たこと自体を共通
認識しているものの，注目されるのは B 氏によって「農村にはまだある」
と見なされている点である。この点で，1986 年のドイモイ政策以後「む
ら」の復活が指摘されている事態に眼を向けるべきである。例えば，ハ
ノイ市郊外のソクソン県では，仏教のお祭りが行われるようになってお
り，ダンタオ村では，テトに 70 歳以上のお祝いを仏教寺院で行い，家
族の健康や幸せ，収入増や豊作を祈願している。3 月に女性の日が，9
月には中秋節が行われている。もちろんこのような「むら」の復活が，
国家によって大枠として承認されている範囲のものではあるが，村落の
《共同性》が復権しているのである（橋本・速水・高橋 2005: 142；橋本
2006: 144–145）。

3. 道路の境界・道路事情

　ベトナムには追い越し車線という考え方がない。速い車が追い越そう
とする時には，遅い車にク
ラクションを鳴らしてどか
せるからである。この点に
ついて以下のように述べた
ことがある。「ベトナムは，
〈性善説〉で相手がよける
という前提で成り立ってい
る交通行動である。高速道

写真序 -5　道路の境界

14

序章　戦争・都市・市場経済と《公共性》

路通行時に，それがよくわかる。追い越そうとする車は，相手の車にクラクションをけたたましく鳴らす。それによって，当然相手がよけるという前提で追い越し行動を展開するのである。もちろん，もしよけなければ大事故になることは明白である。同様に，バイクが歩行者をやり過ごす際には，歩行者が立ち止まったり，転んだりしないし，歩行者がバイクに気を使って歩くという前提で走行するのである。その意味では，徹底した強者の論理であるということができるであろう」(橋本，2006: 170)。すなわち「強い者は正しい」という公共観である。そして，以前は対抗線を越えることもあったが，事故の多発からか，2000年のハノイ訪問時にはなかったセンターラインに相当する境界が，2002年には出来ている。

　速い車が追い越そうとする時には，遅い車にクラクションを鳴らしてどかせる。この点について，ベトナムの社会科学者に聞いてみた。

　すなわち，「一概に早い者が強いわけではない。法を守らないものがいるということである。民衆の意識の問題である」(A氏)。「道路が狭いから普通のことである。遅い車が速い車に譲る。(速い車が強いという考えは)，そうかも知れない」(B氏)。「大部分のベトナム人の文化と習慣である。ご存知のように，ベトナムは農業国で，多くの人は農民か，農村から都市へ移動した人々が大部分である。都市化がとても速いので，日本のように追い越し車線を設けるには時間が必要である。追い越し車線がない道路を進むとき，クラクションは安全を確保するものである。我々が追い越し車線を多く作らない別の理由は，人々に不都合をもたらすからである」(C氏)。

　A氏は，クラクションの問題については慎重であり，むしろバイクの不届き者による運行について，公共心の欠如の問題として見なしている。日本語を理解するB氏を除けば，「強者の論理」としては認識されていない。自国民によってそのように認識されていないからといって，

15

「強者の論理」ではないとはやはり言えないであろう。

4. 物売り・歩道

1）物売り

1990年代後半，ホーチミン市の目抜き通りは，物売りやスリ，物乞い，街娼が近づきカオスのようで，ゆっくり街を歩くことは不可能であった。今や，その目抜き通りでは，めっきりスリや物乞いはもちろん物売りも減った。それでも物売りは，日常的な現象である。ホーチミン市のベンタイン市場に行けば，その周辺に食べ物商が所狭しと店を構え

写真序-6　ホーチミン市路上

写真序-7　ホーチミン市路上

ている。日本の露店商のように，屋台を構えているのではなくて，いわゆる天秤棒に鍋や材料を揃えて運んだような物売りは，非合法と言われてきた。2003年時点での物売り禁止の理由は，第1に交通規則によるものであった。すなわち道路の通行の障害ということであり，道路という公共空間のその利益に反するということである。またそれとは別に，第2に徴税を逃れ，費用がかからないという面から，店舗営業の侵害となった。公正な競争を侵

害しているということである（Koh 2006: 185）。第3に食品衛生上問題があり，公共の福祉に反するということになる。ハノイでは，2008年7月1日より670の通りのうち62カ所で営業が禁止されている。ハノイ市当局は，「すべての物売りを根絶する意図はなく，社会の秩序を提供するために地域に安定した取り引きの場を創りだすことにある」と指摘する。ある物売りは「他になすべき仕事がない」と述べており，根底には社会の貧困がある（*Viet Nam News,* 18 July 2008）。

２）歩道

　ベトナムの歩道は，およそ日本や欧米のそれとは大きく異なるものである。ハノイでは，通行路をコンクリートの柱と公衆電話が遮っているところもあり，歩道と車道の間にかなりの段差があるところも見られる。つまりバリアフリーとはほど遠いのである。時には，歩道をバイクが走行する場合も見られるし，より一般的で普遍的な現象としては，歩道がバイク置き場と商売の空間に変容されている事態である。商業空間が公共空間としての歩道にはみ出しているケース，さらに歩道の至るところでバイクが歩行者を遮るように駐輪している実態がある。またれっきとした有料の駐輪場として営業されている場所さえある。

　そこでこの歩道がバイク置き場に転用されている実態について，前述の社会科学者達の意見を求めてみた。

　「バイクだらけの国は，世界でベトナムが特殊な国である。以前は歩道へのバイクの駐車禁止をおこなった。けれども駐車場を整備できるわけではない。

　その一方，バイクは一家に一台あるので，やむをえない。それで歩道の3分の1を駐車してよいということになった。3分の1がバイクの公共空間である。因みにホーチミン市のドンコイストリートではバイクの駐車は禁止されている」（A氏）。

「ハノイでは，2008 年からバイクを歩道に止めてはいけないことに
なった。商売もいけない。でも実際には，守っていない。（歩道を）駐
車場にするには，許可がいる」（B 氏）。

「それは全く問題でないと思う。私たちに問題を解決する良い対策が
ないときの，一時的な手段だからである。歩道にバイクをどう編成し整
列させるかである。大きな道路だったら，普通の移動の障害にならない
ならバイクの駐車を許可すべきである。駐車場が充足されるときには，
そこに移動するだろう」（C 氏）

まず先の *Viet Nam News*（18 July 2008）によれば，歩道への駐車は禁止
となっており，この点は B 氏の指摘するとおりである。また実際 A 氏
のいうシェラトンホテルや有名なマジェスティックホテルなどが立地
するドンコイストリートには，バイクの歩道駐車がない。そこで C 氏
の指摘する一時的がいったいどの位のスパンかは計り知れないものの，
「大きな道路だったら普通の移動の障害にならないなら，バイクの駐車
を許可すべき」や A 氏のいう「歩道の 3 分の 1 を駐車してよいという
ことになった。3 分の 1 がバイクの公共空間である」が注目されるべき
である。成人の男女の大部分がバイクに乗っている現実の下では，C 氏
のように「大きな道路だったら普通の移動の障害にならないなら，バイ
クの駐車を許可すべきである」と見なすのは，当たり前とも言える反応
であろう。とはいえ「普通の移動」とはどのような移動であるのか，そ
れは歩行者の視点でなくては，わからないことである[3]。

A 氏のいう「歩道の 3 分の 1 に駐車してよい。3 分の 1 がバイクの公
共空間である」は，ある意味，ベトナム的《公共性》なのかも知れな
い。バイクだらけの国は，世界でベトナムが特殊な国である以上，歩道
を歩道とのみ認識するのではなくて，バイクの駐車空間としても公認す
るべきだというベトナム的な現実解決策の提示ではある。そのことは，
もちろん C 氏とも共通する問題，ではどうやって整然と 3 分の 1 を確

保できるか，歩行者の妨げにならないように３分の２を保証できるかという問題へと展開する。

そして，バイクが"ホンダ"と呼ばれていることを想起するとき，世界最悪とよばれる交通混雑の原因の一つを作り出した日本のオートバイ産業が，いかにベトナムの都市問題の解決に貢献しているのかという問題に，行き着くのである。

5.　都市計画と公共性

ベトナムでは，３章で述べるように，住宅の所有権が認められ，土地の使用権と相続権が認められている。このことの，都市計画への影響はどうなっているのであろうか。例えばホーチミン市では，サイゴン駅への取り付け道路のようにメイン道路なのに，狭隘な道路が存在して来た。ハノイでも，かつて西部の近郊へ抜けるメイン道路が一部著しく道が狭くなっている場所が存在した。

この点について前述のＡ氏は「以前は立ち退き料が安かったけれども，今は高額になっているので，ホーチミン市は優先順位づけをおこなっている」ということであった。またＢ氏は，「道路の立ち退きをオーナーは，好まないが，表だって反対はできない。補償金をもらう。実際は，立ち退きをしないで留まるという形で反対することもある。市民がまとまって交渉する場合もあるものの，交渉はあまりなく，やむを得ず同意することになる」という。さらに，Ｃ氏に至っては，「私は，交通渋滞対策として狭い通りを広げる必要はないと思う。まだ多くの道路建設が必要である。ベトナムの交通混雑は，『瓶の首』（ボトル・ネック）によるものであり，そこだけが問題なのである。『瓶の首』を拡げる代わりに，狭い道路を拡げるならば，効果は小さいし，人は『瓶の首』に早く着きたいと思うし交差点が交差点を生み出し，うまく作動しないことになり，

マイナスの効果を生み出すことになる」と指摘する。C氏の発言は，ハノイ中心部の場合，北にタイ湖が存在し，東に紅河が流れ，西に鉄道が走り，36通りと呼ばれる旧市街が中央に存在しているという現実を踏まえて発言しているようにもみえる。

　ここで注目すべきなのは，B氏が「補償金をもらう」と指摘し，A氏が「以前は立ち退き料が安かったけれども，今は高額になっている」という認識している点である。つまり土地と住宅の占有によって，道路の拡幅という《公共性》が補償金の高額化という形の《私権》によって歪められているようにも見なすことができるのである。逆に「市民がまとまって交渉する場合もある」（B氏）と指摘するように，国家的《公共性》に対して，消極的に住民の《共同性》が機能していると，見てとることも可能であろう。確かに〈受苦圏〉問題は伏在しているものの，これが《正統性》を持つ住民の《公共性》であるとは，直ちには述べることはできないのである。

6.　落書き

　理念型としての西欧的市民社会観念を打ち砕くのが，落書きである。英国でもベルギーでも落書きが列車のみならず，道路の信号機にも，民家のシャッターなど至る所で見いだすことができた。ある時，ハノイで会ったオランダ人に何故オランダの電車は「真黄色なんだ？」と聞いたことがある。その回答は「落書きがすごいから電車を黄色く塗ったのだろう」とのことであった。オランダ人の場合に限定してではあるが，西欧人自ら落書きのすごさを認識していることがわかる。これに対して，ベトナムでは，落書きはもっぱら商売用の携帯電話番号が記載されている程度である。もちろん時々メインストリートでも落書きを見つけることはできるものの，それは例外である。ひどい落書きは高速道路の橋

桁などで見つけることが可
能であるとはいえ，全体と
しては，西欧社会や日本よ
りも落書きは少ない。落書
きから見ると，ベトナム人
の公共財へのバンダリズム
は，極めて低度だと見なせ
よう[4]。

写真序-8　落書き

　しかし，ホーチミン市で
の犯罪の状況をみると，2000 年に 170 件であった放火が，2005 年に
352 件となり，2006 年には 319 件に減り，2007 年には 237 件まで減
少した。すなわち，落書きに見られる形の表立った公共財へのバンダリ
ズムは低度であるが，放火という形でのルサンティマンをも内包した，
陰湿な公私の財産へのバンダリズムは減少したとはいえ一定水準あり，
経済社会変動の次第では今後の予断を許さない状況にあると言える。

むすびにかえて

　ベトナムでは，政府以外の組織は，すべて政府またはベトナム共産党
の指導下におかれていると言われている。祖国戦線は，共産党も構成組
織となっている政治連合組織であり，そのなかには大衆組織と社会・経
済団体も含まれている。また NGO については，国際 NGO（WHO など
の国連の機関や民間団体）がその中心を占めており，国際 NGO もまたベ
トナム・ユニオン友好協会（VUFO）や人民援助調整委員会（PACCOM）の
監督下にある（鈴木 2001: 178–183; 坪井 2002: 153）[5]。その意味では，
ベトナムにおいては，《共同性》は国家的《公共性》に包摂された《共
同性》であり，いわゆる「新しい公共」もその枠組を抜きにしては存立

しえないのである。他方，伝統的な「むら」の復活も見られ，市場経済の下，個人がそれぞれの方向へひた走っているように見えるなかでも，農村では《共同性》が生きている（古田，1999: 286）。また都会の近隣関係に見られるように，《共同性》は近隣の社会的・空間的秩序形成という側面からは《公共性》を示している（本書7章：橋本，2010: 190-192参照）。

　道路のセンターラインに相当する境界が，主要道路で造られていること，あるいはメインストリートでの歩道へのバイクの駐車禁止など，世界でも特殊なバイク社会とモータリゼーションの下で，グローバルスタンダードな《公共性》が登場している反面，「歩道の3分の1に駐車してよい」とするベトナム的な現実主義的《公共性》も存在する。かくして坪井善明の指摘を踏まえれば，伝統ベトナム，発展途上国，社会主義（坪井 2002: 36），この三者に加えて市場経済という四つの社会相の上にベトナムの《公共性》と《共同性》があるのである。

注
1）　もちろんベトナム戦争が，戦争である限り，例えば個人の側から見ると個人や肉親の死亡を始めとする様々な悲劇（反公共性）を伴わざるを得ない。この悲劇に着目したのが，バオ・ニンの『戦争の悲しみ』である（1991＝1993＝1997）。それではアメリカにとってベトナム戦争とはいかなる《正統性》を持ったのだろうか。すなわち冷戦体制下，いわゆるドミノ理論に基づいてアメリカは，「自由主義と共産主義の対立」という観点から後者の拡大を阻止するとして，大枠として戦争への介入を《正統化》した。さらに直接的には，「トンキン湾において，北ベトナム魚雷艇が，アメリカの駆逐艦2隻を攻撃した」という虚偽の事実に基づいて，ベトナム戦争への介入を《正統化》したのである（坪井 2002: 26; 吉澤 1999: 78-88）。
2）ベトナムでは，テト（旧正月）の前夜，すなわち大晦日の夜半から爆竹が，町中で鳴り響いたものだが，1995年から禁止された（坪井 1995: 63）。
　　なおベトナムの社会科学者へのヒアリングは，2008年10月末から11月初頭にかけて実施し，ハノイにおいてはB氏を対象に面接調査で，C氏を対象に留

序章　戦争・都市・市場経済と《公共性》

め置き調査で実施し，ホーチミン市ではA氏とD女史に対して同時に面接調査を行った。ただし本章ではD女史の独自の回答はない。

3)　なおわが国でも，一部では自転車が歩道に乱雑に駐輪している現実があるので，自転車がバイクに変わっただけという風に見ることも可能である。同様に商品が路上にはみ出しているケースも一部では見られるので，大きな相違ではないとも言える。

4)　近年，幾分落書きが目立って来ている。

5)　2003年11月，筆者は，VINASTAS (Vietnam Standard and Consumer Association, ベトナム規格および消費者協会) を訪問した。VINASTAS は，1988年に設立されたNGOである。1986年にドイモイ政策が始まり，市場経済に変化する中で消費者を守る必要があると認識され，数十人で政府に訴えてまず規格協会が出来た。それを契機として，その後消費者の権利が大切であると認識され消費者の組織を作ったという経緯がある。したがって組織的には，大きく製品の品質関連部門と消費者協会の部門からなり，地方の協会とは別に南部消費者協会事務室と女性消費者協会活動がある。ハノイおよびホーチミン市支部を含めて9の地方支部を持ち，女性消費者協会には会費があるものの，本部は会費制ではなく，事務所は海外の組織が有する建物で，内外のプロジェクトを実施して活動資金に充てていた。会員数については把握しておらず，ベトナム科学技術協会連合 (VUSTA, 祖国戦線の1構成団体) の会員であるとともに消費者インターナショナルに加入していた。

第 1 部

社会階層分析

1章　歴史的社会階層研究

はじめに

　2003年，筆者はベトナムでは農村の最貧層と都市の最富裕層との間には，20.2倍もの格差があると指摘した。この数字は，1999年のデータに基づいて計算したものだが，2008年には14.9倍に縮小した（橋本2006: 141）。格差が縮まったわけである。それでもまだかなりの格差があることには違わない。

　この経済的格差の基礎にあるのが社会階層である。「ベトナムで初めて行われた科学的研究」と自称しているのが，ベトナム社会学研究所のドー・ティエン・キーンによる「2002〜2008年段階におけるベトナムにおける社会構造変動の若干の基礎的諸問題」(Đỗ Thiên Kính, 2010)，である。SSM調査を念頭においた，この研究に基づくベトナムの社会階層の現況については，後述する（2章参照）。

　しかし，ドー・ティエン・キーンには，関西学院大学に提出した博士学位論文「社会階層 (Social Stratification) と社会移動に対する工業化の影響：ベトナムにおける教育の不平等，社会的不平等および社会移動」(2004年) がある (Do Thien Kinh, 2004)。そこで本章は，博士学位論文を加味しながら彼の歴史社会学的な研究を取り上げて，ベトナムにおける社会階層の展開について検討したい。

第1部　社会階層分析

1.　現代ベトナムの社会階層

　ベトナムにおける社会階層の展開を検討する前に，現代のベトナムにおける社会階層について見ておこう。ドー・ティエン・キーンは，それを表1-1のように区分し，2008年の現況をVHLSS (Vietnam Household Living Standards) 調査に基づいて集計している。

　この結果を通して検討すると，第1にベトナムは農業国で大多数が農民であるという状況は，大きく変りつつあるということが言える（因みに農民の割合は2002年では56.3%）であった。これにかわって小工業層（2002年，9.8%）と専門技術職（2002年，1.9%）の増加が顕著である。またGDPに占める第1次産業の割合は2000年には第1位であったが，2002年には第2次産業とその地位を逆転し，2008年現在第1位は第2次産業で全体の39.8%を占めており，第2位が第1次産業で38.0%となっている。ただし第3次産業は22.2%に過ぎない。着実にベトナムが工業化しつつあることがわかる。

　第2に専門技術職の増加が顕著ではあるとはいえ，彼らは民間企業部門のいわゆる「新中間層」ではなくて国家部門 (Kinh tế nhà nước) の専門技術職であることに留意したい。第3に「リーダーおよび社会管理層」については，高級官僚や役人のことであるが，いわゆる「幹部」とは異なる概念として使用されていることに留意したい。ドー・ティエン・キーンによれば，ベトナム史上では，様々なリーダー達がおり，いかなる社会においても指導者と国を管理するスタッフが必要であると指摘する。つまり，特定の社会構造ではなくて歴史貫通的な概念として用いられているわけである。

　第4として，労働者に限定したとして，彼らの大多数は国家部門（国営企業）や集団部門以外（2008年，86.1%）で働いていた。こうした事態をドー・ティエン・キーンは,「新しい労働者階級の形成」と指摘す

1章　歴史的社会階層研究

表1-1　ベトナムにおける社会階層区分　　（2008年）

1.リーダーおよび社会管理層	(Các nhà Lãnh đạo và quản lý xã hội)	1.0%
2.企業家	(Nhóm Doanh nhân)	0.4%
3.専門技術職	(Các nhà Chuyên môn cao/Chuyên nghiệp)	4.0%
4.サラリーマン	(Những người Nhân viên)	4.8%
5.労働者，（ブルーカラー）：熟練工	(Thợ công nhân [thợ thuyền])	3.4%
6.商業・サービス階層	(Tầng lớp Buôn bán – Dịch vụ)	16.6%
7.小工業層	(Tầng lớp Tiểu thủ công nghiệp)	13.2%
8.単純労働者 - 自由業	(Những người Lao động giản đơn – lao động tự do)	8.2%
9.農民	(Tầng lớp Nông dân)	48.4%
合計		100.0%

出所）Đỗ Thiên Kính (2010)

る。「今日のドイモイ時代の新しい労働者階級は，以前のように国家所
有 (state-owned) 工場で働くものを含むだけではなくて，民間の工場，作
業場，ベトナムの企業と外国との合弁企業，100% 外国出資の会社で働
いている者を含んでいる。多数の製造業および工業地域が設立され，こ
れらの部門で働く労働者が増加している。加えて外国の会社に出向する
外国人労働者も年々増加している。ドイモイ時代において労働者階級の
構造が実質的に変わったのである」(Do Thien Kinh, 2004: 31)。つまり「新
しい労働者階級」の新しさは労働の質の新しさではなくて就業先の変容
によって測られているのである。

　第5として，企業家についてドー・ティエン・キーンは興味深い指
摘を行っている。「新しい労働者階級は，事業主，企業家，資本家 - 労
働者に月給を払う人々 - と直接的な関係を維持している。このため事業
者・企業家階層が生成し，新しい労働者階級とともにドイモイ時代に位
置づいている」(Do Thien Kinh, 2004: 31)。ここで最も注目されるのが，「資
本家」(capitalist) 概念の復活である。社会主義下の資本 - 労働関係の復活
が明言されており，社会科学論として極めて重要な理論的・現実的問題
が伏在することになる。

　それでは以下本章の主題である，歴史社会学的なベトナムにおける社
会階層の展開を検討しよう。

29

第1部　社会階層分析

2.　ベトナム史における社会階層─封建制から半封建制へ──

　表1-2は，封建制以後でかつ1945年以前のベトナム史における三つの
社会階層モデルである。これらは前工業社会のモデルで，封建制から植
民地的半封建制に該当するとされる。時期区分的には，モデルⅠは1000
年間におよぶ中国支配が終焉し，北部が独立を開始した10世紀中葉以
降である。すなわち939年以降が該当する。それではモデルⅡはいつの
時代か，ドー・ティエン・キーンは明示しない。しかし，モデルⅠとモ
デルⅡの区分として，モデルⅠは，社会階級の部分において，王は巨大
地主で村落の公有田を所有した。これに対して，モデルⅡでは土地所有
を基礎とした地主と農民が社会階級と位置づけられていること，とりわ
けその解説において中期（モデルⅡ）では地主階級が現れたと指摘して
いる点に注目したい。この点について小倉貞男は，18世紀から19世紀
になって，伝統的村落共同体の機能が衰え，それは「私有化された土地
所有農民の共同体」となったと指摘し，「村では郷紳たちがあまたの詭計
を使って，勝手気ままに裁断し，村人たちの土地を横領して富めるもの
の所有としている」という1718年の記録を紹介している（小倉，1997:
177-178）。桃木至朗は16世紀の内乱から19世紀半ばまでを「近世」と

写真1-1　文廟　進士石碑

位置づけており，したがっ
てこの時期があてはまろう。
因みにこの時期は，「後期
封建社会」と呼ばれていた
（桃木，2000: 20）。

　ただこの表1-2のモデルⅠ
とモデルⅡの階層区分で気
になるのは，モデルⅡ（近
世）には社会的地位に「奴

1章　歴史的社会階層研究

表1-2　ベトナム史における三つの全体的社会階層　（封建制から植民地の半封建制へ）

時期区分	I	II	III
社会的地位 Dang cap	権力の基礎（君主制，世襲制） 二つの地位に区分 王に関連するものと平民	権力，身分，社会‐政治的（肩書き，地位，学位，年齢）を基礎に，二つの社会的地位支配に区分（王に関連した：官僚）と奴隷（農工商）	王は“傀儡”
社会階級 Giai cap	王は巨大地主，村の公有地を所有した。「王の土地，仏の寺」	土地所有権を基礎とした地主と農民	ブルジョワジーとプロレタリア，地主と農民という財産の所有を基礎
社会階層 Tang lop	職業を基礎に，平民の地位は，“4階層”に区分される。 学者（士）－農民－職人－商人	職業を基礎に，被支配階級は“4階層”に区分 学者（士）－農民－職人－商人	職業を基礎に，文士／知識人－農民－職人－商人に区分される
上層－下層	王に関連（官僚達：貴族と官僚） 儒学者 自作農（村の小農と平民地主） 村落の農民（貧農） 職人 商人	王に関連（官僚と官吏）および地主 学者（士）－農民－職人－商人 自作農（中農） 貧農 職人 商人	私的所有と地主（傀儡王） ブルジョワジー（知識人，公務員，小商人，小地主） 富農 中農および労働者 貧農 雇用農
外形	ピラミッド ［王関連－学者（士）－農民－職人－商人］	ピラミッド ［王関連－地主－学者（士）－農民－職人－商人］	ピラミッド ［ブルジョワ，地主－知識人－農民－職人－商人］，90％が農民
社会移動	閉鎖 “王の子は王になり，寺の執事の子はたくさんの葉を掃く”	開始 “全ての犬が自分が主人となる日を持っている” “1位は学者で，農民は第2位である” “米が空になれば，第1は農民で学者が2位となる”	より開放的

出所）Đỗ Thiên Kính (2010)

隷」が登場するのに，モデル I には登場していない点である。むしろ公式的見解と見なされる概説では，15世紀の巨大社会変動として農奴制と家内奴隷制が廃止されたと指摘されているのであり，桃木によれば13世紀の陳朝以来15世紀にかけては，むしろ奴婢の使用が盛んであったと指摘されているのである。そうであれば，歴史認識のあり方が論点となるのである (Thế Giới Publishers, 1995: 53; 桃木・高田，1995: 76)。

　植民地の半封建制とは，フランスによる80年強のベトナム支配の時代であろう。この時期に，新しい階級としてブルジョワジーが出現したとドー・ティエン・キーンは指摘する。表1-2では，ブルジョワジーと

31

第1部　社会階層分析

プロレタリアが対になっているものの，後者についての記述はない。この点で，小倉は，ベトナム全体で1929年時点で22万人の労働者がおり，53,000人が鉱山労働者で，80,600人がゴム大農園に雇われていたと指摘する（小倉，1997: 293）。また概説書では，ブルジョワジーとともにプロレタリアと，都市を基盤とした小ブルジョワジーが新しい社会階級として出現したと言及されている。ベトナムのブルジョワジーは，経済的に脆弱で植民地当局によって抑圧されていた，そのため強力な政治組織を形成しえなかったという (Thế Giới Publishers, 1995: 55)。

3.　第1次インドシナ戦争後のベトナムの社会階層

⑴ベトナム南部

　表1-3は，1954年から1986年の第1次インドシナ戦争後を対象としており，表題の「階級」(giai cấp) という表現からわかるように，ドー・ティエン・キーンが階級論を放棄しているわけではないことがわかる。バオカップ (bao cấp) 制度は，ベトナムの国営企業に対する国庫補助金制度のことで，賃金，価格，赤字補填のことを国家が丸抱えした制度を指す（アジアネットワーク編，1995: 85）。ところでドー・ティエン・キーンは，第1次インドシナ戦争後については，2010年論文においてはもっぱら北部（ベトナム民主共和国）の部分について記述している。そこで，南部（ベトナム共和国）については，それを記述している博士学位論文を通じて検討しよう。彼によると1954～75年の時期である，戦時経済下の南ベトナムは異常な社会と見なされた。土地利用と補償については，サイゴン政府は地主から土地を没収し，農民に分配した。

　農村では，市場経済が十分発達し，中農が優勢となり，資本家階級（特に買弁ブルジョワジー）が発展した。労働者階級は，北部と異なって民間企業家のために働く者が含まれていた。しかし，1975年の抗米戦

1章　歴史的社会階層研究

表1-3　第1次インドシナ戦争後のベトナムにおける階級構造モデル
（主に官僚制，バオカップ時代を反映）

一般的定義	南部	北部	
標準的区分	私的所有を基盤とする権力 それゆえ，労働の状態は，搾取と失業	公的所有を基盤とする権力（全人民と集団） （搾取のない社会）労働ゆえに労働者の社会	
地位 位階制	ブルジョワジーと小ブルジョワジー 富農（農業資本家） 小商人，小使用者，知識人，公務員，中農と労働者，使用人	労働者（幹部，労働者，役人） 農民 知識人	あるいは要するに"2階級，1階層"
		"青い空，白い雲，黄色い太陽" "労働者，農民，兵隊，知識人の隊列は前進する"	
外形	不明	ピラミッド	
管理システム	市場メカニズム	中央計画，官僚制，バオカップのメカニズム，	

出所）Đỗ Thiên Kính (2010)

争（いわゆるベトナム戦争）の後，農業合作社が導入され，農地と生産手段が奪われた。このことが，中農達に嫌悪感を創り出し，1979年時点で合作社または生産隊に組織された農家は50％に過ぎなかった。ついに1980年末には，それらの組織は崩壊したのである (Do Thien Kinh, 2004: 24-25)。南部のメコンデルタでは，フランスの植民地以来世界資本主義に統合されていたため，強制された「農業集団化」と命令的経済モデルに強い抵抗を示し，それは失敗した。工業の方は，それでも1976年末までに生産の70％を国営部門が占めるに至ったのである (Hy V. Luong, 2003: 13; 岩見，1996: 26)。

⑵ベトナム北部

それでは17度線の北である北部については，どう見ているのであろうか。表1-3および表1-4において，ドー・ティエン・キーンの考えは示されており，官僚制とバオカップ時代の下で，社会主義に関して強力に普及したマルクス主義理論の影響を通じて，"二つの階級と一つの階層"という単純なモデルが導かれたという。「労働者階級と集団化された農民，および社会主義的知識人階層」というモデルがそれである。社

第1部　社会階層分析

表1-4　ドイモイ以前と以後のベトナム社会の主要な特徴

集団化と中央計画経済の時期（北部では1954年から1975年，全国では1976年から1986年）	ドイモイ期（1987年から現在）
生産手段の国家的所有と集団的所有	生産手段の私的所有を含む様々な所有形態。農家世帯への長期的土地利用権への回帰。
補助金 – 官僚的 – 中央集権的の経営	市場指向の経営
この時期は，教条主義的な社会主義理論に影響されていた。その理論が（国家と集団経済で働く）労働者階級，（農業合作社で働いていた）集団的な農民および社会主義的知識人という社会構造を創り出した。その一般的な公式が「二つの階級と一つの階層」であった。これは階級なき社会理論（すなわち共産主義）によって構築され方向づけされた階級構造であった。K・マルクスの階級理論が優勢だった。この時期，人口の大部分が貧困のなかで生活しなければならなかった。	社会には様々な社会階層がいる。集団的な農民階級はもはや存在せず，農業合作社は自ら解散し，以来全国的に様々なタイプからなる職業世帯にとって替わった。以前の労働者階級は，主に民間部門と個々の企業で働く様々なタイプの労働者に転換した。国家機関で働いていた労働者は大幅に減少し，集団経営で働く労働者はほとんど存在しない。知識人は，より多様である。事業者・企業家層が出現し，ドイモイ期には労働者階級と互角の関係を有している。彼らはベトナムの社会 - 経済発展のための新しい原動力となっている。人々の間の貧富の格差は拡大しつつある。
労働者使用権は，協同組合に属する。	労働者の使用権は世帯と民間企業に属する。
生産物の分配は，平等主義を基盤としていて，大部分の人々が，等しく貧困ななかで暮らさねばならなかった。	生産物の分配は，市場経済を基礎としており，ベトナムでの貧富の格差が増大した。

出所）Do, Thien Kinh (2004), *The Effects of Industrialization Upon Social Stratification and Social Mobility: Educational Inequality, Social Inequality and Social Mobility in Contemporary Vietnam*, Kwansei Gakuin University, Box3-1.

会階級構造は，同質的で無階級社会に向かうという理論によって構築されていた。労働者階級の指導の下で，対立も階級闘争も存在しなかった。"青い空，白い雲，黄色い太陽，労働者，農民，兵隊，知識人の隊列は前進する"というスローガンは，1960年代以降の社会における四者の団結を象徴するものである。この社会構造の下では，主体性と自発性が強調された。今日では官僚制とバオカップ時代と比較して労働者階級の概念も認識も変わったといえ，まだ労働者階級についての認識は，古い思考の影響を被っていると指摘する。

確かに教条主義的マルクス・レーニン主義が優勢で，そのことが社会階級論を単純化した。さらにはその理論的影響に伴って重工業化が優先され，農業と消費財生産が軽視されて，生活水準が向上しなかった

34

1章　歴史的社会階層研究

のは事実であろう。「社会主義という『夢』が『明日にでも実現するのだから，『今日』は皆で貧しさを分かちあって奮闘しよう」という「主体性と自発性」が強調されたのである（古田，2009: 23, Nguyen Xuan Oanh, 2000=2003: 15, 29）。とはいえ社会階層論を離れて表1-4のように「人口の大部分が貧困のなかで生活しなければならなかった。」と規定するためには，間違いではないが，1954〜86年という32年の区分が長過ぎており戦時経済と戦後経済の要因も考慮に入れる必要があるのである。

写真1-2　ハイフォンにおいて

写真1-3　ハノイ郊外　ダンタオ村

むすびにかえて

　第1節において，ドイモイ以降現在の社会について，ドー・ティエン・キーンが「新しい労働者階級の形成」を指摘していたことを紹介したが，最後にドイモイ後の社会，とりわけ農家をどう認識しているかを検討して，本章のむすびにかえることにしよう。

　ドイモイ後，生産手段の公的所有（国家および集団的所有という両形態の）を基盤とした計画的なバオカップ経済は，市場主導型のマルチセク

35

第1部　社会階層分析

ターからなる，生産手段の公的および私的所有の両者を基盤とする商品
経済に転換した。結果として社会構造は，”二つの階級と一つの階層”
構造から，極めて多様な新しい構造に転換した。

　田舎に住む集団的な農民はもはや存在せず，農業合作社は自ら解散し
た。かわって農家経済が出現し，長期間，安定した利用権を有する農地
について自ら完全に生産を統制できるようになった。彼らはまた職業の
転換を経験し，多くの者が手工業生産に移行し他の農家のためのサービ
スを提供し，民間企業に向かって行った。大多数の農家が農業と非農と
が結びついた職業構造を採用した。いわゆるわが国の兼業農家である。
専業農家に当たる純粋な農家の場合でも，若干の農家は自給生産から彼
ら自身を解放し，現金作物生産へシフトした。彼らは，労働者を雇って
小規模なゴム農園などの，新しい生産モデルを開発し経営した。推計で
は2003年時点で約70,000の農業，林業，水産農場が登場したのであ
り。これらのモデルは，ドイモイ時代以前には存在していなかったもの
である (Do Thien Kinh, 2004: 27-28)。

　いわゆる多様な農家，専業農家や兼業農家，離農が生じているベトナ
ムの現実を反映したものである。とはいえ，翻って考えると果たしてバ
オカップ時代の社会階層モデルは，本当に”二つの階級と一つの階層”
であったのか，精緻な階層モデルが必要なのではないかという別の重大
な問題に突き当たるのである。そのことは，バオカップ時代の共産党関
係者の家族や個人が，ドイモイ後の「新しい経済エリート」として，登
場したはずだと論じられており (Kolko, 1997: 122)，そうであれば，1986
年以前の階層モデルの検討が不可欠であるということに帰着する。

　つまり1986年以前のバオカップ時代とドイモイ後の社会階層は，断
絶なのかそれとも連続なのかという点の検討が求められているのであ
り，世代間社会階層移動の研究が重要であり，今後の研究課題とせざる
を得ないのである。

36

2章　社会階層の現実

はじめに

　安全保障とは，英語では security であり，ドイツ語では Sicherheit フランス語では sécurité である。Sicherheit とは，安全・安心という意味を内包している。安全・安心の対極に位置しているのが，リスクである。リスク社会について，その主唱者であるウルリッヒ・ベックは，国境を超えて広がる悪しき状態の拡散であり，それは単一社会の境界内に制限されないと定義している。具体的には，放射能，地球温暖化，SARS などが挙げられている (Beck, 2010: 3)。ベックの定義を踏まえて，藤田弘夫は都市のリスクを以下のように指摘する。第1のリスクとして疫病の蔓延，第2のリスクとして災害の発生，第3のリスクとして飲食の問題を取り上げる。「食糧をはじめとする生活資料の問題は都市民が抱える日常的問題である」がそれである（藤田，2005: 16–20）。この藤田のいう第3のリスクに関わるのが，生活財の配分をめぐる問題である。生活財が潤沢に保障されれば，生活環境汚染などの別のリスクが生じるものの，社会の安寧・安定は保障されるからである。

　そこで本章は，生活財の配分の基盤である社会階層に焦点を当てることとしたい。具体的には，現存する社会主義国の一つであるベトナムの社会階層の区分方法とその実態の究明であり，主にベトナム国内の研究と調査結果を用いて，この課題にアプローチしようとするものである。

　社会階層分析の前提として，経済的格差を示す指標であるジニ係数を見よう。2000年代後半におけるベトナムにおけるジニ係数は37.8で，

第1部　社会階層分析

最も数値が高いのは，コロンビアの58.5，最小はウクライナの28.2であり，日本は32.3となっている。アメリカは40.8，中国は41.5なので，ベトナムは米中よりは平等であり，日本よりは不平等な社会であることがわかる。

1.　ベトナムにおける社会階層区分

写真2-1　バチャン焼の製造現場

　社会階層研究は，ベトナムでは他のグローバルな社会階層研究と切り離されてきたと言われている。前章で見たように，ベトナム社会科学翰林院社会学研究所のドー・ティエン・キーンの「2011 ～ 2020 年段階におけるベトナムにおける社会構造変動の若干の基礎的諸問題」と題する社会学的研究は，ベトナムで初めて行われた科学的な社会階層研究であるという。この場合の科学的とは，いわゆる SSM 調査を念頭に置いたものであり，彼は，今日の階層区分を以下のように提示する (Do Thien Kinh, 2010)。

1.リーダーおよび社会管理層

2.企業家

3.専門技術職

4.サラリーマン

5.労働者，（ブルーカラー）：熟練工

6.商業・サービス階層

2章　社会階層の現実

7.小工業層

8.単純労働者‐自由業

9.農民

　この9つの階層は，1〜3が上層であり，4から7が中間層で，8〜9が下層に位置づけられる。なお労働者とは，熟練工を指し，中間層は，中流と見なされている。この社会階層区分は，第1にリーダーおよび社会管理層をカテゴライズしている点で，第2に労働者を中間層に含めている点で，極めて独特であるものの，1と9はベトナム社会主義の現実を反映したものといえる。

2. ベトナムにおける社会階層の実態

　上記社会階層区分に基づいて実施された階層分布は，表2-1のようになっている。研究方法としては，VHLSS (Vietnam Household Living Standards) 調査の2002年，2004年，2006年，2008年の各結果を用い，さらにハノイおよびバクニン省での補足調査（2010年）結果を用いている。

　この結果を通じて，階層的に見て最多数派は農民であり，2008年時点で全体の約半数に達している。ついで，商業・サービス階層で2割弱である。第3位は，小工業層で1割強である。ただし，農民の減少は，著しく6年間の間に7.9ポイントも減っている。

　企業形態別の社会階層構成は，表2-2のようになっている。表2-1で見たベトナムにおける三大階層，すなわち農民，商業・サービス階層，小工業層のうち前2者は主として家族経営であり，小工業層は「他の世帯向け」となっている。

　いわばベトナムの都会で眼にする小商店の集積が，まさに統計的に反

39

第 1 部　社会階層分析

表 2-1　ベトナムにおける社会階層・集団の人口割合 (2002 ～ 2008 年)

社会階層・集団	2002 N	2002 %	2004 N	2004 %	2006 N	2006 %	2008 N	2008 %
リーダー，管理	517	0.8	213	1.1	216	1.1	194	1.0
企業家	163	0.3	84	0.4	95	0.5	86	0.4
専門職	1,245	1.9	503	2.5	582	2.9	780	4.0
サラリーマン	2,787	4.3	966	4.8	970	4.9	945	4.8
労働者	1,506	2.3	512	2.6	578	2.9	660	3.4
商業・サービス	9,620	14.7	3,154	15.8	3276	16.5	3,278	16.6
小工業	6,417	9.8	2,180	10.9	2387	12.0	2,597	13.2
単純労働	6,334	9.7	2,058	10.3	1861	9.4	1,617	8.2
農　民	36,897	56.3	10,308	51.6	9899	49.8	9,541	48.4
合　計	65,486	100.0	19,978	100.0	19863	100.0	19,697	100.0

資料) VHLSS 2002-2004-2006-2008 を集計

表 2-2　ベトナムにおける社会階層・集団別企業形態 (2008)

社会階層・集団	計 (%)	2008: 企業形態 企業形態の家族経営	家族経営	他の世帯向け	国営企業	集団部門	民間部門	外国企業
リーダー，管理	100.0	–	–	–	100.0	–	–	–
企業家	100.0	31.7	2.8	–	35.8	12.5	11.4	5.9
専門職	100.0	0.4	2.6	1.0	73.5	3.2	12.4	6.9
サラリーマン	100.0	0.3	3.4	3.5	72.1	3.9	11.3	5.5
労働者	100.0	1.9	34.0	21.9	12.1	1.8	18.6	9.8
商業・サービス	100.0	1.5	74.2	13.5	4.5	1.0	3.9	1.3
小工業	100.0	0.3	27.0	42.8	5.3	2.4	13.7	8.6
単純労働	100.0	0.1	23.1	54.5	6.9	2.0	9.9	3.5
農民	100.0	0.1	90.5	8.5	0.7	0.1	0.2	–
全体	100.0	0.6	63.0	17.4	10.3	1.1	5.1	2.5

資料) VHLSS 2002-2004-2006-2008 を集計

映されているわけである。後者は主として建設，軽工業，加工業であり，わが国に当てはめるといわゆる旧中間層に該当する。これに対してリーダーおよび社会管理層は，100 ％国営企業であり，いわゆる高級官僚や役人であろう。また専門職とサラリーマン層も大部分が国営企業なので，新中間層（ホワイトカラー）と言っても，実際は公務員層である。

2章　社会階層の現実

民間部門や外国企業での新中間層はわずかである。

　これを VHLSS 調査に基づいて，筆者が雇用形態として示すと表 2-3 のようになる。いわゆる自営業形態が 2012 年時点で 60.6 ％に達しており，正確にはベトナムは，旧中間層社会であると見なすことが出来る。

3.　社会階層間の格差

　それでは社会階層間の格差は，どうなっているのであろうか。それを見たのが，表 2-4 である。これを見ると 2008 年の平均所得月額は，995 千 200 ドンであり，ベトコム・バンクの 2011 年 1 月 13 日のレートで 1 円 =243.73 ドンであるので，月収は 4,090 円となる。第 1 五分位（最貧層）にあっては，1,128 円に過ぎない。2 万ドンのフォー（ベトナムのうどん）にして 27 杯分でしかないことがわかる。2002 年から 2008

表 2-3　雇用形態

%

年	全体	非農業雇用者	農業雇用者	農業自営業	非農業自営業
2002	100.0	22.3	6.1	53.1	18.6
2004	100.0	26.3	5.1	49.9	18.6
2006	100.0	28.4	4.9	47.9	18.9
2008	100.0	29.9	4.4	46.4	19.3
2010	100.0	34.1	4.5	41.3	20.1
2012	100.0	34.7	4.7	41.7	18.9

資料）VHLSS 2012

表 2-4　世帯主 1 ヶ月当たりの所得

1,000 ドン

年	全体	第 1 五分位	第 2 五分位	第 3 五分位	第 4 五分位	第 5 五分位
2002	356.1	107.7	178.3	251.0	370.5	872.9
2004	484.4	141.8	240.7	347.0	514.2	1,182.3
2006	636.5	184.3	318.9	458.9	678.6	1,541.7
2008	995.2	275.0	477.2	699.9	1067.4	2,458.2
2010	1,387.1	369.4	668.8	1,000.4	1,490.1	2,222.5
2012	1,999.8	511.6	984.1	1,499.6	3,410.2	4,784.5

資料）VHLSS 2012

41

第1部　社会階層分析

写真2-2　ハノイの露天商

年の間の平均所得の伸び
は，2.79倍である。これ
に対して第1五分位では
2.55倍となっている。

　月収10,086円の第5五
分位階層（富裕層）では
2.82倍に増えている。結
果的に第1五分位と第5
五分位階層の間の格差は，
2002年の8.1倍から2008年の8.94倍へとわずかだが，広がっている
のである（2012年では9.35倍）。因みに都市と農村では，2002年では
都市の場合，622.1千ドンであり農村では275.1千ドンであった。それ
が2008年になるとそれぞれ1605.2千ドン，762.2千ドンになった。こ
の間の格差は，都市は農村の2.41倍から2.11倍へと縮まっていて改善
を見たことが分かる。もちろん農村の過半数は，農民である。

　以上の現実を踏まえて，ドー・ティエン・キーンは，表2-5のように
社会階層別の五分位階層分析結果を提示している。彼によれば，最貧

表2-5　ベトナムにおける社会階層・集団別支出の五分位階層（2008年）

社会階層・集団	計 (%)	最貧層	貧困層	中位層	充足層	富裕層
リーダー，管理	100.0	5.9	9.0	22.5	29.2	33.4
企業家	100.0	2.1	5.8	–	4.0	88.2
専門職	100.0	0.2	1.5	6.7	13.3	78.3
サラリーマン	100.0	3.2	5.7	12.6	28.7	49.8
労働者	100.0	3.2	14.1	18.6	31.2	32.9
商業・サービス	100.0	7.0	14.3	19.9	27.6	31.2
小工業	100.0	10.3	20.9	26.6	25.0	17.3
単純労働	100.0	19.6	24.8	22.6	20.8	12.2
農民	100.0	30.8	24.1	20.9	15.9	8.4
全体	100.0	19.4	19.8	20.5	20.5	19.8

資料）VHLSS 2002-2004-2006-2008を集計

層（第1五分位）に位置するのは，農民である。そして，貧困層（第2五分位）に位置するのが，農民，単純労働，小工業層である。中位層（第3五分位）は，小工業，リーダー・管理，単純労働，農民となる。充足層（第4五分位）は，労働者，リーダー・管理，サラリーマン，商業・サービス，小工業である。富裕層（第5五分位）は，企業家，専門職，サラリーマンである。あのベトナムでボッタクリ商売を行う商業・サービス層であっても，充足層であることがわかる。

いわば上層と位置づけられる者のうち，企業家と専門職は富裕であり，下層の農民は貧しい。日本的にいえば新中間層の専門職，サラリーマンも相当に富裕であるということになる。ただし月収10,086円の富裕層という現実である。

むすびにかえて

ベトナムの社会階層分析を通じて，ドー・ティエン・キーンは，結論として「社会階層間の不平等は増大してきた。この不平等は，揺るがすことが出来ないほど固定しており，ベトナムの社会構造に根ざしていて，社会階層ピラミッドのシステム的特性である。そのシステムの本質を見るならば，我々の社会は高度な不平等である」と論難する。ここから彼は「中流社会モデル」を提起する。具体的には，サラリーマン層，労働者，（ブルーカラー），商業・サービス階層，小工業層を中心とした，階層モデルということになる。2008年現在38％に過ぎない「中流」階層を，増加させるということである。「中流社会モデル」とともに，「階層間の不平等は，問題の根本的根源が解決される」と認識する。

「中流社会モデル」を形成するためには，ベトナム経済を再構築する必要があり，工業化と近代化に向けた経済のリストラを通じて，「伝統的な社会部門の割合の減少と現代社会に特徴的な階層の増加に帰着す

第 1 部　社会階層分析

る」ことになる。

　最終的に，1）農民の減少，2）リーダー・社会管理層の経済的 - 社会的地位の上昇，3）労働者階級論の思想的変化を勧告する。「農民を減少させるための基本戦略は，国の経済構造の変化に沿って，25歳（または，子孫）以下の若い農民階層に（より高い）教育を受けさせて，農民階層から上昇移動するのを待つということである」[（）内引用者]。若い農民の教育を通じて，階層移動させるという提言である。リーダー・社会管理層の経済的 - 社会的地位の上昇は，「中央から地方に至る国のリーダーおよび社会管理層が，彼らの高い経済 - 社会資本に相応しい地位を構築させる，計画と開発チームを持つことである」。それによってリーダーに相応しい能力が創出されることになる。労働者階級論の思想的変化については，「ベトナムでは，労働者階級についての認識論的思考は（官僚制とバオカップ時代[1]と比較して，労働者階級の概念 / 認識は変化しているにもかかわらず，『ベトナムにおける労働者階級は，途方もない社会勢力であり，手作業，頭脳労働，製造業とサービス業におけるサラリーマン，製造業とサービス業を指す』というように）バオカップ時代の古い思想にまだ影響を及ぼされている」と指摘する。いわば労働者階級といっても一様ではないので，実践的かつ社会科学的な概念の再検討を提起したものである。

　リーダー・社会管理層の経済的 - 社会的地位の上昇は，確かに官僚や役人に生じがちな，様々な腐敗を解消するのに貢献する。農民の減少は，それが上昇移動であれば，貧困な諸階層の縮小に結びつくであろう。しかし，第 1 にどの程度の減少が望ましいのであろうか。農民の減少に伴って，2010年時点で，タイに次いで世界第 2 位の米輸出大国であるベトナムの現実を維持できるのか，という別のリスクが待ち受けることになる。第 2 にわが国の高度成長期以降に生じた労働力流動化に伴う，大都市集中と地方の衰退に帰着したという経験を後追いしなけれ

ば，良いのだが，いかにしてわが国の経験を反面教師にできるかは，ベトナムの抱えている課題である。

注
　1）官僚制とバオカップ時代とは，ドー・ティエン・キーンによれば，第1次インドシナ戦争後からドイモイ政策が始まる以前の時期を指す。

3章　住宅と社会階層

はじめに

　わが国に新都市社会学が盛んに紹介された頃，そこで紹介された概念の一つに，住宅階級論 (housing class) があった。J. レックスと R. ムーアの研究では，都市の社会集団が稀少資源の配分をめぐる闘争によって構築され，望ましい郊外住宅へ接近しうるかどうかが主たる焦点となっていた。すなわちこの住宅システムにおける利害が人々を住宅階級へと分割した。経済的階級とは異なる住宅階級の指摘であった (Rex and Moore, 1967: 6, 36, 194, 274; Rex, 1986: 70-71; Scott and Marshall eds. 2009; 西山 1986: 150)。

　本章は，この住宅階級論とは異なる，経済的な社会階層論をベースとしたベトナムにおける社会階層と居住関係の検討にある。そこで，この検討を行う前提としてベトナムの土地制度について，紹介しておきたい。

1.　土地の使用権

　土地については，ベトナムでは所有権を認めていない。ベトナム社会主義共和国憲法第18条は，「全ての土地は計画と法に従って国が管理し，その使用は所定の目的に準じて有効な結果をもたらすことを保証する。国は組織や民間個人に土地の安定的継続的使用を委任する。それら組織や個人は土地の保護，土地の価値を高め，合理的に開発し，経済性をもって土地を使用する責任をもつ。国から委任された土地の使用権は

第1部　社会階層分析

写真3-1　ホイアンの家並み

法に準拠して移譲することができる」と述べ，ベトナム民法第690条第1項は，土地は全人民的所有であり，国家によって統一的に管理されると指摘する。第2項において，個人および世帯の土地の使用権は，国家が彼らに割り当てるか，または賃貸することによって創出されるとある。

　そこで，この土地の使用権はどの位継続するかであるが，それは50年とされる。しかし，我々が調査を行ったハノイのソクソン県ダンタオ村の老人会会長は，「事実上土地を世襲として受け止めている」。民法第738条は，土地使用権は，民法のこの条項および土地法に従って，故人から遺書に基づいて，または法定相続人へ相続されるものと規定する。具体的に相続権を有する者は，1.農民，2.農地・植林・居住用の土地として許可される個人および世帯，3.移譲された土地使用権を有する者となる。要するに，ベトナムでは，土地使用権が相続されるということであり，ここに次のような社会主義の理念に反するという指摘が生ずることになる。「経済制度は計画経済から市場経済に移行し，土地の所有制度も個人の所有権という形態までは容認しないものの，50年間の使用権を認めるという形で個人の土地占有を認め，さらに親から子供への相続権を認めたことは，実質上，所有権とあまり違わない効果をもっている」(坪井 2002: 67) がそれである。

　土地は公共財であり，これを市場原理で運用すべきではないというのが国際的な動向であるにもかかわらず，住宅の所有権が認められ，土地の使用権と相続権が認められるというのが社会主義ベトナムの現実なの

である[1]。

2. 住宅

1）国営から民営化へ

　北部に限定した場合だが，1954年から1990年までは「社会主義住宅体制」と称され，75年以前はあらゆる住宅に重い国家的規制が敷かれ，民間住宅建設は厳しく制限された。その結果，住宅は主に国家によって充足されたのである。それでも1989年時点で，1976年以前に建設された住宅の34.3％は民間によるものであり，国営住宅は62.8％であった。1954年から1975年にかけて，ハノイでは国営住宅 (Khu Tap The: 集合区) に対して多大な要求があり，自ら衛星地域であると名乗って設計された住宅団地は4～5階建てであった。1954年時点の一人当たり床面積は4.84㎡であったのが，1965年には6.2㎡まで増加し，その後75年には2.15㎡まで減少した。これは北爆と人的資源の不足の影響であった。

　1975年以降，復員兵士や再会した家族が平和とより良い生活水準を求めたので，住宅需要は拡大した。ハノイでは，1976年から80年は目標の50％弱が建設されたのに過ぎず，81年から85年では71％の不足が生じたのであった。その一方で，1989年時点において1981年から85年にかけて建設された住宅の79.6％は，民間によるものであった（Koh, 2006: 210-213;

写真3-2　建設中の建物（ハノイ）

第1部　社会階層分析

Evertsz, 2000: 51)。

1991年以降は，自由主義的住宅体制に移行したと言われ，住宅部門への民間部門への参加を容認した。1991年から1994年にかけて，雨後の竹の子のように，新しい住宅が建設され，その3分の2は民間が提供し，所有された。ハノイにおいて，新規住宅床面積に占める国営企業住宅の割合は，1992年では35.3％に達していたが，1994年には13.9％まで減少した。この間民間部門の割合は，1992年が64％，1993年が68％に到達した。しかし，1996年には40％まで下落している。とはいえこの間の住宅建設は，需要に比べて低水準の供給であり，年間100万㎡が必要なのに対して，わずかに50,000㎡の供給でしかなかったのである (Koh, 2006: 220-221; Trinh Duy Luan and Nguyen Quang Vinh, 2001: 126-127)。

2）住宅と社会階層

ベトナムの住宅モデルには広範な質と規模を見いだせる。後に見るように2008年現在，半永久住宅に住んでいる世帯は59.1％，永久住宅が27.8％，一時的ないしはその他の住宅に住んでいる世帯が13.1％となっている（表3-3）。因みに都市部ではそれぞれ48.4％，46.2％，5.5％となっており，農村部の方が住宅状況は芳しくない。住宅の種類には，表3-1のように公共 (Public)，民間 (Private)，福祉および社会的団体，非正規住宅がある。公共の中身は政府および軍隊であること，民間という分類はあるものの，福祉および社会的団体が《共同》とは分類されていない。

2008年時点の社会階層別の住宅状況は，表3-2のとおりで，極めて階層差が明瞭である。ビラと称する「屋敷」に居住している者は，圧倒的に企業家であり，次いで専門職層である。この両階層に加えてサラリーマン層が「専用バス・トイレ付き耐久住宅」に住んでいる[2]。全体の

3章　住宅と社会階層

表3-1　ベトナムにおける都市住宅の4部門

部門	公共	民間（自力建設）	福祉および社会的団体	非正規
資本の源泉	中央および地方政府，軍隊	民間住宅会社，個人住宅，外国人	政府，大衆組織，企業	貧民／低所得世帯，非合法移住者
国家統制のレベル	強い	弱い	強い	非常に弱い
住宅生産者	国営および民間建設会社，民間仲介企業	国営および民間建設会社，個人，小企業	仲介企業，労働組合世帯	世帯
住宅の形態と都市住宅市場への貢献	販売または賃貸用国家所有集合住宅ローン付き住宅，軍人用住宅インフラ付き宅地の区画	ベトナム人および外国人用住宅高級賃貸住宅大衆賃貸住宅	国営ないし民間企業の労働者住宅社会住宅	簡素で，一時的な都市貧民の住宅住宅の一部が中および高級

出所) Trinh Duy Luan and Nguyen Quang Vinh, 2001: 83.

表3-2　社会階層別住宅の状況

社会階層・集団	計 (%)	ビラ (屋敷)	専用バス・トイレ付き耐久住宅	共用バス・トイレ付き耐久住宅	半耐久住宅	他の一時的住居
全体	100.0	0.5	13.0	13.6	59.7	13.3
リーダー，管理	100.0	－	21.5	17.0	52.5	9.0
企業家	100.0	10.3	52.5	12.1	21.3	4.0
専門職	100.0	2.9	54.4	9.0	32.1	1.6
サラリーマン	100.0	1.3	36.0	13.9	43.7	5.1
労働者	100.0	1.1	23.8	12.0	58.1	5.1
商業・サービス	100.0	0.9	23.5	14.2	51.6	9.9
小工業	100.0	0.4	13.9	17.2	61.9	6.6
単純労働	100.0	0.1	7.3	14.1	60.1	18.3
農民	100.0	0.1	3.1	12.7	66.2	17.9

出所) Do Thien Kinh, 2010.

　傾向に類似しているのは，小工業層である。逆に「半耐久住宅」に居住している層は，最大多数層の農民に加えて，小工業層，単純労働従事者や労働者で顕著である。「他の一時的住居」になると単純労働従事者と農民の他，商業・サービスにも一定程度存在している。

　ベトナムにおいて富裕層に属しているのは，企業家と専門職であり，逆に最貧層に属しているのが農民である。貧困層は農民，単純労働職，および小工業層であった。つまり，富裕な者はビラや「専用バス・トイ

第1部　社会階層分析

表3-3　住宅の最貧層と富裕層の比較

%

全体	計	永久住宅	半永久住宅	一時的・その他
2002	100.0	17.2	58.3	24.6
2004	100.0	20.8	58.8	20.4
2006	100.0	23.7	60.3	16.0
2008	100.0	27.8	59.1	13.1
最貧層（第1五分位）				
2002	100.0	4.7	55.4	39.9
2004	100.0	5.9	57.2	36.9
2006	100.0	7.5	63.1	29.4
2008	100.0	10.8	65.0	24.2
富裕層（第5五分位）				
2002	100.0	34.1	55.2	10.8
2004	100.0	41.2	52.2	6.6
2006	100.0	46.0	49.3	4.8
2008	100.0	50.2	45.8	3.9

資料）*VHLSS (Vietnam Household Living Standards) 2008*

レ付き耐久住宅」に住み，貧しい者は「他の一時的住居」に住まざるを得ないので，ベトナムにおける住宅水準は，社会階層と明瞭な相関関係を示しているのである。そのことは，表3-3の住宅水準の最貧層と富裕層との比較でも明白である。最貧層では24.2％の者が「一時的・その他」の住宅に住んでいるにもかかわらず，富裕層では「永久住宅」に住んでいる者が半数に達しているのである。ただし。長期的には住宅水準は改善しつつあり，「一時的・その他」の住宅に住んでいる者は，全体で2002年から2008年の間に11.5ポイントも減少しているのである。

　住宅の質については，いささかデータ的に古いものだが，壁はレンガ，屋根はタイルで，床はセメントという1千万ドン（約60,000円）〜2千万ドンの価値しかない住宅から，3〜4階建

写真3-3　ホーチミン市住宅状況

てのコンクリート造りで優雅な建築で5億ドン（約300万円）〜6億ドン
の価値の住宅まで広範囲に及んでいる。また2008年時点で，ホーチミ
ン市の高級住宅地区2区では，日本円にして4,400万円という驚くべき
金額の住宅も登場している (Trinh Duy Luan and Nguyen Quang Vinh, 2001: 88;
アジアンバリューベトナム支局 2008)。

3) 不法居住

前述のように，都市部において，一時的ないしはその他の住宅に住ん
でいる世帯は5.5％であった。この中にはいわゆるスクォッター（不法
居住）も含まれると見なせよう。不法居住は，1990年代には明白に存
在した。チン・ドゥイ・ルオンとグエン・クォン・ヴィンは，ハノイの
紅河のチュンズォン区のケースとホーチミン市のMa（幽霊）街区の例
を紹介する。以下は，Ma（幽霊）街区のケースである。

Ma街区はビンタン郡，第12区に位置し，貧民の多い第12区は，
1994年時点で人口22,875人で世帯数は17,000（平均5人世帯），人口
密度は1km²当たり21,178人であった。第12区は70世帯ずつ四つのブ
ロックから構成されている。不法居住は，まずビンホア墓地として使用
されていた土地に5戸の居住者が住み着いたことから始まった。1988
年に墓地の撤去がなされ，空き地に「非合法居住」が進んで行った。切
迫した住宅ニーズを持つ世帯が土地を占拠し移動式テントを建てたので
ある。

この公有地域は，都市貧民の間で，特に新経済ゾーンで失敗し都市に
戻った都市居住者の一部に向けて，住宅需要を緩和するバルブとして考
慮されたのかもしれないと，チン・ドゥイ・ルオンとグエン・クォン・
ヴィンは推察している。

さて12区の人口密度は前述のように1km²あたり21,178人に対して
Ma街区は59,533人であり，337世帯，1,786人が居住する密集した地

第 1 部　社会階層分析

域となったのである。Ma 街区に居住する 77 ％は，公認の永続的な居住者としての地位を持たずに，一時的な居住者の地位でしかなかった。一時的な居住者の場合，教育，健康管理や他の制度に接近するのと同様に，仕事を探し，ビジネスを行う上で，多くの困難を有するのだが，12 区の役所は，通学や，予防接種，健康管理サービスなどへの接近などで好意的に彼らに利益を提供した。

　不法居住者の大部分は，シクロのドライバー，露店の手伝い，刃物研ぎ，漬け物販売，水運びなどインフォーマルセクターで働いていた。熟練度の高い仕事としては，縫製，大工，運転，漆器製品の製造などであり，エンジニア，公務員，オフィスで働いていたり退職した従業員などもいた。平均世帯所得は一人当たり月額 72,700 ドンであり，低所得グループは 43,000 ドン，高所得は 100,000 ドンであった。

　Ma 街区では，65.4 ％の世帯が水道水にアクセスでき，1〜2 の電灯をともせる程度の電気が通じていた。一方，低所得世帯は，電気を利用できず，石油ランプを利用していた。とはいえ，水道に関しては，自宅に蛇口を持っていたのはおよそ 7.4 ％の世帯だけで，残りの者は，二つのジェリカンにして 700〜800 ドンの費用がかかる水を買わねばならなかったのである。95 ％の世帯がその日常活動に関しては，安全ではない井戸水を利用していたのである。

　Ma 街区の非合法住宅は，その 70.6 ％が木造，あるいは木造の壁ないしはぼろで，ついでレンガの壁で半コンクリート住宅が 23.5%，コンクリート住宅は 5.9 ％に過ぎなかったのである (Trinh Duy Luan and Nguyen Quang Vinh, 2001: 172-180)。

　2007 年 8 月，筆者はこの Ma 街区を探しにタクシーに乗った。しかし，あいにくタクシーの運転手は，「わからない」と答え，見つけることはできなかった。その後，2008 年グエン・クォン・ヴィンに尋ねた所，「Ma 街区自体はなくなったけれども，コミュニティ自体は存在して

54

いる。不法居住はどこにで
もある。まず不法居住者の
ところにホーチミン市の下
層か他の地方からやってき
て，掘っ建て小屋をつくる
のである。〔ホーチミン市に
は〕1,000人位いるのでは
なかろうか」という回答で
あった（〔　〕内筆者挿入）。

　Ma街区の例は，非合法
居住地＝コミュニティとい
う意味では，《共同的》で
はあるが，《非公共的》的
な居住である。とはいえ，
「住宅需要を緩和するバル
ブとして考慮されたのかも
しれないと推察されてい

写真3-4　ハノイ市「真武觀」付近（2009年8月）

写真3-5　　同　所　（2011年8月）

る」ように，《公共的》とは言えないものの，《半公認》されていたと見
ることも可能であろう。

　その後，2009年8月，筆者はハノイ西部の西湖とチュクバック湖畔
の道教寺院である真武觀の近くで，写真3-4のように不法居住を見つけ
た。しかし，2010年にはそれは撤去されたといわれ，実際2011年8月
には跡形も残っていなかった。

むすびにかえて

　「一方の極に富の蓄積，他方の極に貧困の蓄積」とは，産業資本主義

第1部　社会階層分析

ないしは自由主義段階の資本制システムについての言及であった。それ
にもかかわらず，このフレーズはそのまま現代日本に妥当する。しか
し，「豊かに成れる者から豊かに成る」という先富論が語られてきたベ
トナムでは，貧困の緩和が進んでいる。その意味では，貧困の蓄積は
当てはまらない。それでも日本円にして4,400万円の住宅が登場する一
方，眼前にスクォッタリング（不法居住）が登場する以上，格差社会で
あることは間違いない。住居は，生活の基本である。安定した住居を保
障できる社会が豊かな社会であり，安全な (secure, an toan) 社会条件の一
つであるといえるのである。

注
1)　南ベトナム解放民族戦線の政策は，自作農創設だった。しかし，1975年の南
　　北統一後，南部の土地は国有化された。その結果，南部デルタでは農民の抗議が
　　生じ，そのため政府は，農地の50年貸借権を承認することで，収拾したという
　　経緯がある（小倉，2002: 233）。
2)　この用語については，グエン・クオン・ビン氏からご教示を得た。記して謝
　　意を表したい。

4章　社会階層論の検討と再構成

はじめに

　これまでベトナムに関する社会学的研究は，わが国にほとんど紹介されてこなかった。その要因の一つとして，ベトナムを研究している社会科学者が政治学，歴史学，国際関係論，人類学，社会福祉学などに限定されていて，社会学者の研究がごく少数である点がある。また欧米の社会学者達がベトナム研究者と多数の共同研究を進めているにもかかわらず，わが国では極めて困難な状況にある。社会階層という実証社会学の基本概念についても同様にわが国には紹介されていない。オックスフォード社会学辞典は，社会階層 (social stratification) はマクロ社会学の中心概念である——全体社会の研究において，比較研究の視座において，社会的安定と変動の過程を理解する試みという点で——と述べているが，社会学そのものが紹介されていない以上，当然の事態といえよう (Scott and Marshall eds., 2009: 735)。ところでベトナム社会学について触れるならば，ベトナムにおける社会学教科書の一つであるファム・タト・ゾン＝レ・ゴク・フン編『社会学　新版』(Phạm Tất Dong - Le Ngọc Hưng [đồng chu bien], 2008) は，その第 1 章で，社会学の由来をマルクスとデュルケームから論じており，社会主義下の社会学として理論的にも蓄積を有していることが伺われる。実際，1997 年時点で，C. S. フィッシャーや，ルフェーブル，M. ウェーバーのベトナム語版があると言われており，2010年時点でベトナム社会学会の会員は 800 人に達していた (橋本，2006: 119; Trinh Duy Luan, 2010: 11)。

第 1 部　社会階層分析

　そこで，本章の課題は，次の二点である。まず第 1 に，まだ十分に分かっていないベトナムにおける社会階層研究の一端を概観することであり，第 2 は既存統計を用いて，いかに独自にベトナムの職業に基づく社会階層を再構成できるかという点にある。以下これらについて順次検討しよう。

1.　ベトナムにおける社会階層研究の概要

1）社会学教科書にみる社会階層論

　筆者は，近年ベトナムにおける社会階層研究に関する若干の論文を執筆した。そこで取り上げたのは，ドー・ティエン・キーンの SSM スタイルの階層研究であった。その研究は，ベトナムで初めて行われた SSM スタイルの調査と称されるものであったものの，先行する階層研究が，上述のように分かっていない。そこで，まずは上記社会学教科書を取り上げて社会階層論を検討することにしたい。

　ベトナム国家大学ハノイ社会科学人文大学のホアン・バ・ティンが先の教科書において「社会構造」を執筆している。ティンによるとマルクス主義に基づいて社会階級構造は，社会構造の頂点に位置するという。その構造の諸要素には，労働者階級とともに諸集団や社会層が含まれ，社会主義体制下では，社会構造は労働者，農民，知識人，役人から構成されるものである（Hoàng Bá Thịnh, 2008: 222-223）。この社会主義下の階級構造としての「労働者，農民，知識人，役人」という規定については，既にドー・ティエン・キーンによって，「二つの階級と一つの階層」という単純なモデルと称されているもののバリエーションに他ならない。社会階級構造は，同質的で無階級社会に向かうという理論によって構築されているものである。いわばホアン・バ・ティンは，従来モデルを踏襲しているわけだが，これでは単純すぎるので精緻な階層モデルが

58

必要になっている。

　ティンは，社会階層 (phân tầng xã hội) については，特定の時 - 空間における社会状態の社会層 (tầng lớp) であると規定しつつ，社会学者は，社会の分化状態と関連させて社会層という用語を使用するものの，この概念は，変動する社会における「静的」要因を強調するので，適切ではないと否定的である。とはいえ「社会学における社会階層は，不平等な社会構造を研究するために使用され，それゆえ研究は，社会的諸関係と社会的諸過程の意図せざる結果として生じた，これらの集団間の不平等なシステムについて取り扱う」と原著者不明の引用を行う一方，N.J. スメルサーに言及し，「社会階層は，世代間での移転のような不平等なやり方を通じた地位や社会層を形成する方法に関連」していて，社会成員間の不均等な利益配分に関心があると，客観的な評価を下している (Hoàng Bá Thịnh, 2008: 228)。

　またベトナムにおいて，社会階層という用語が登場したのは1992年のことであり，以来社会科学文献や社会生活で一般的になったという。その一方，世界，特に西欧の社会学に触れ，階級と階級闘争に着目する社会闘争論（闘争理論）と，保守主義的で機能主義的な階層論があると指摘する。社会階層に割いているページ数が2頁に対して，社会階級に割いている頁数は8頁であることから，著者の関心が社会階級にあることは明白である。

　しかし，その階級の定義は，「一般に人々は，階級とは経済，政治，社会的に類似した位置にある社会集団と理解するけれども，公的に規定されているわけでも制度化されているわけではなくて，貧富，親方と職人，支配者と被支配者のような社会的に一定の基準によって確認されるものである」と，前半部分はスタークの定義を踏まえているものの，全面的に同意しているようには見えない。「階級とは社会階層システムにおいて類似した位置を共有する社会集団である」という規定は，M. ウェーバー

第1部　社会階層分析

の「階級とは類似した『生活機会』を有する集団であり，社会における
経済的位置，所有物，および所得の機会によって決定される」という定
義を淵源としたものである。後半部は「生産手段の私的所有は，社会的
分業のために二つの基本的階級，二つの陣営に割り当てる，生産手段の
所有者と生産手段の非所有者である」というマルクスの考えを踏襲して
いるが，必ずしも明瞭ではない（Hoàng Bá Thịnh, 2008: 230; 232; 234）。

　著者の社会階級 (giai cấp xã hội) に関する議論は，主に K. マルクスと
M. ウェーバーの階級概念の紹介であり，ウェーバーの階級概念は，ガ
ース＝ミルズの From Max Weber に依拠している。マルクスとウェーバ
ーの違いについては，C. ヘラーを引用して「ウェーバーの階級概念は，
経済階層を参照している限りでのみマルクスに類似している。しかし，
ウェーバーは，生産手段との関係よりも他の経済的要素を重視したこと
を，ここで見落とされてはならない。ウェーバーの階級概念は，あるシ
ステムにおけるたった一つの社会層のタイプだけを示しているため，マ
ルクスのそれよりも狭いといえる。」(Heller, 1987: 10)[1] と著者独自の評価
を下しているわけではない。

　最終的に，ベトナムの社会・階級構造について，ホアン・バ・ティン
は，労働者，役人，農民集団，職人集団，軍人，知識人，大学生，職
業高校生，民間企業人，社会的保護層，失業者，主婦という12の社会
集団に区分した。とはいえ，これら12集団が果たして社会階級なのか，
それとも社会階層なのか，単なる社会集団なのかは疑わしく，検討が必
要である。

2.　社会階層と社会正義

1) 社会階層と生活水準

　ホアン・バ・ティンの社会階層・階級論が，教科書という性格から文

4章　社会階層論の検討と再構成

献紹介がほとんどなのは，やむを得ない面があるものの，社会階層を真正面から論じようとしたのが，チン・ズイ・ルオン＝ブイ・テ・クオンによる「社会階層と社会正義」である。この論文は，『ベトナムにおける社会発展——2000年における社会学の概観——』と称する論文集の第2章として執筆されたものである (Trịnh Duy Luân và Bùi Thế Cường, 2002)。

　両者は，「社会階層は，わが国ではそう古いものではなくて，ドイモイの時期に登場した社会学的概念である。理論的には，本来，権力や威信，その他の利害の程度が平等ではないような社会集団の確固たる位置として定義される。社会階層は，経済，家族，政治，教育といった他の重要な社会制度と結びついているので，相対的に安定したシステム (hệ thống) である」と定義する。ホアン・バ・ティンは社会階層概念の登場は1992年であると明確に述べていたのに対して，ルオン達はドイモイの時期に登場したとやや曖昧である。その反面，定義はホアン・バ・ティンよりも，はるかにオリジナルで，位置づけについても「重要な社会制度と結びついているので，相対的に安定したシステムである」と肯定的である。hệ thống は，体系，系統，秩序，ネットワークなどと訳せるが，どれも適切に見えないので，英訳のシステムを用いている。

　ルオン達は，社会階層は，ドイモイ以前の時期においても存在していたと社会学的には当然な視点を示しつつ，社会階層への人々の関心は，それが潜在的に緊張と社会変動の原因であると，「静的」要因と見なしたホアン・バ・ティンとは対照的な視座を提示する。そのドイモイという市場経済の下で，一面では，社会階層化が，不平等と貧困をもたらす法則であると確認しつつ，他面では「積極的観点から，社会階層はまた（国家によって規制されるものとしての）市場メカニズムが現実に公平な社会を追求し形成するプロセスの結果として見ることもできる」と，市場メカニズムはやがて公平な社会をもたらすと弁証法的＝楽観的であ

61

第 1 部　社会階層分析

る。

　では両者は具体的にいかに社会階層を提示するのであろうか。社会階
層は，一般に階級と地位形成・体系・構造を巡って研究されると言わ
れ，「社会における社会諸階級，社会的地位 (castes)，社会層の位階的配
列を指す」(Lawman, 2008: 169) と定義されていることとは異なって，社会
階層論には違いないが，富裕層と貧困層の格差という一般的な生活水準
の階層差の研究になっている。それでも注目されるのが，以下の経済部
門別の分析である。

　すなわち，国家部門の就労者の大部分は，上位 20% の富裕層か上位
二分位のカテゴリーに属し，その状況は，外国企業で働くグループに
類似している。民間企業の雇用者の 3 分の 1 と小企業の家内生産従事者
の 5 分の 1 が 20％の富裕層である。協同組合労働者の約 40％と民間企
業および小企業世帯は平均以下で生活する。下位 20％の最貧層の 4 分
の 3 が家内生産従事者か小企業である。「その他」20% の富裕層のうち
60％が国家の三つの領域で働いている。「かくして，生活水準の社会階
層化は，以下の経済・政治的指標と結びついている。すなわち，国家の
諸部門（経済的，行政的，専門職，政治・社会を含む）やフォーマル・セ
クター（例えば　登記済みの企業），外国投資部門と結びつくならば，生
活能力は高い。逆に，生活水準の低さはしばしば非国家部門ないしはイ
ンフォーマル・セクターに属する」(Trịnh Duy Luân và Bùi Thế Cường, 2002:
24)。

　このチン・ズイ・ルオン＝ブイ・テ・クオンの研究は，1998 年の調
査結果に基づいている。この分析結果と，ドー・ティエン・キーンの
2008 年に関する研究を重ね合わせると，次のことを指摘できる。後者
では富裕層は企業家，専門職，サラリーマンであり，最貧層は農民であ
った。企業家は国営企業と企業形態の家族経営に属し，専門職，サラリ
ーマンのいずれも国営企業に属していた。農民は家族経営であった。つ

62

まり，10年経っても国家の諸部門に所属するならば，生活能力は高く，農民がインフォーマル・セクターに属するとは考えにくいものの，多くの家内生産従事者の生活水準が低い点はさほど変わっていないと言えるのである。しかし，100％国営企業に属している「リーダー，社会管理層」が中位から富裕層にあることを考えると国家の諸部門に属していてもさらに分化が生じていることが分かる。

2) 社会階層化の原因と影響

チン・ズイ・ルオン＝ブイ・テ・クオンは，社会階層化の原因として，国家によって規制された市場メカニズムがもたらした社会正義を履行する際の影響を挙げている。具体的には，第1は地域間格差の問題である。すなわち，いくつかの地域では過度に投資を集中することに伴って土地への都市的・工業的影響が生じており，若干の都市地域にのみ多大な便益をもたらす国内外の資源の不適切な利用や，特権的なエージェントや集団が形成されている。その一方，地方ではビジネスと農村での市場にアクセスする際の障害が生じているが，これらが社会階層化をもたらす諸要因である。第2に，社会サービスの市場化（特に教育と保健における民間サービスの進展）は，特に貧困層に，否定的な影響を及ぼし，社会階層化の拡大の原因となる。教育は，はっきりした社会階層化の主要な経済的影響として認められるという。

第3の要因として，権力（quyền lực）と法環境を挙げる。権力は，経済的権力（資源，特に資本），行政，政治，社会（関係）を含む広義なものと理解される。若干の家族は多くの資源と権力を統合し短期間に中間層になったという。ここでは社会学的な権力概念が，生硬に用いられているが，むしろ用語的には利権 (quyền lợi) が妥当するであろう。

法環境については，まだ成熟していず，不安定で，多くの欠陥があり，多くの法律が誤った形で追加される。多くの法律と法文書は具体性

第1部　社会階層分析

が乏しい。このことは不可避的に法律を操る者が生じ，悪しき富裕化に道を開く，と厳しく指摘する。

社会階層化の結果は，貧富の格差を増大させ，市場メカニズムによって被害を被る社会集団（女性，子供，高齢者，自由移住者など）が現れると，その否定的影響を指摘しつつ，同時に積極面についても言及する。

社会階層化は，各々の個人および各社会集団が計算に基づいて，成長のための機会を求め，さらに成功をもたらす人々や集団を刺激することで，社会に貢献し続ける。「競争が激化するような環境を創りだし，支配層となるのに必要な能力と資質がある人々をふるいにかけ選抜し，ある部門やある分野および地方の発展の動機となる。社会階層化の発展は，社会構造 - 階級に新しいものを追加したり置き換えられるような新しい社会構造の形成へと，さらに新しい社会的接合へと，新しい将来の発展のプロセスの核の役割を想定できるような都市部での新中間層や農村での富裕層を含むものだが，導いていく」(Trịnh Duy Luân và Bùi Thế Cường, 2002: 28)。ここで「新中間層」概念が登場しているのは，注目されるが，あたかも資本主義形成に果たした「中産的生産者層」(M.ウェーバー＝大塚久雄）の役割を想起させるような，社会階層の上層・中間層部分の拡大への言及である。加えて生活様式への社会階層の貢献は，ライフスタイル・パターンの多様性を生み出し，豊かな人々における，特に「新しい」消費スタイルの発展が注目されるという。

ここには，明らかに不平等な社会構造に言及する社会階層論とは異質な，「先富論」を補強する視座が内包されている。つまり，階層分化が必ずしも社会的に問題だけを孕むものではないという視座である。

3) 社会正義を確保するための方策

社会階層と社会正義というチン・ズイ・ルオン＝ブイ・テ・クオンの基本的問題設定からして，いかにして社会正義を確保するかが課題と

64

なる。この課題に向けて彼らは，社会階層化とその克服に向けた基本的視座を提起する。第1に，社会階層化はいかなる社会においても法則的な現象であるという視座である。第2は，中央計画経済の見方よりもむしろ市場経済の視点で見るべきであるという。この視座から「国家部門が特別待遇であり続けるならば，他の経済部門で不平等が生じるであろう」と国家部門の特別待遇に対して疑義を提起する。あたかも「新自由主義」を想起させる「市場万能論」である。第3に，成長の目標と公平を確保することは，時間的に重ならない。公平は，一つの傾向で，成長の過程の恒常的な努力である，と指摘する。このため，基軸となる経済分野の建設において，一定時間内で，地域間の不平等を受け入れねばならないという。一般論としては，妥当な見解であるが，現実には，どの位の期間であるのか，どの位の不平等であるのかが問われることになる。第4に，成長が全社会層の目標であるとすれば，あるいは他の社会層がまさに受動的に成長の成果の分配を待っている一方で，ある集団に便益を供与するとすれば，結果は成長が持続的ではなくて，それは真の平等を確保するための基盤になると同時に自己破壊のメカニズムとなる。この見解は，成長の成果の分配を待っているというところを強調するのか，ある集団に便益を供与するという部分を強調するかで評価が分かれるであろう。つまり受動的に成長の成果を待つのが問題であると指摘しているようにも見える反面，ある集団に便益を供与するのを問題視しているように読めるのである。いずれにせよ，経済成長万能論であるところが，ベトナムの現実を反映したものとなっている。

　第5として，貧困と社会的分配の状況を解決する途は，対応すべき解決策や援助に焦点を当てるよりも，人口のあらゆる階層が経済活動に従事できる機会を作り出すことである，と指摘する。問題はいかにして経済活動に従事させるかであるが，この第5の視座では，依然として貧困と社会的分配の状況を解決することには繋がらないであろう。すなわち

第 1 部　社会階層分析

ワーキング・プアを想起すれば明白なように経済活動に従事しただけで
は，格差を解決できないからである。

　以上の五つの視座を踏まえて，提起される「社会階層化の否定的影響
を克服するための解決策」は，第1に人口のあるゆる階層に大学教育の
機会を提供することであり，第2は人間開発で，第3が農村開発である
という。

　教育の改善は，ただちに行わねばならないが，同時に長期的なもので
あると提起し，職業再訓練を含む，職業教育への投資の増大は，労働市
場の恒常的に変化する要求に容易に適応できると，具体的なレベルで
は，大学教育よりも職業教育に力点があるようだ。

　教育システムを形成する包括的な教育改革は，国の経済改革要求に結
びついており，「多様な源泉からの教育投資の増大は，財政予算からの
資本投資の供給は他の国のように 15〜20％ にまで増大すべきである」
(Trịnh Duy Luân và Bùi Thế Cường, 2002: 34) と，外国の資本や援助，民間資
本の投資などを期待したとしても，財政予算（ngân sách）とあるように
現実には国家の予算を前提にしなくてはならないものである。

　人間開発については，経済成長と貧困の減少を確保するために，もっ
とも重要な要素であると述べ，一方で貧困の緩和，特に弱者および困窮
者の扶養，他方で正当で法にかなった富裕になる者 (làm giàu)，優れた
者を奨励することは，経済および人間開発を推進する力の増大に貢献す
ることであると指摘する。人間開発が，「人間のおかれている条件を改
善するためのアプローチ」(橋本，2000: 453) である限りは，富裕にな
る者を奨励して悪い訳ではない。ただ現実問題としては，富裕になる者
を奨励することは，結果的にまた社会的弱者や貧困層との格差を拡げる
ことに結びつくであろう。

　農村開発については，優先順位が高い特別な政策の一つであると述
べ，成長と社会正義の視座から見ると，以下が含まれるべきであると，

66

4章　社会階層論の検討と再構成

6点に達する具体的な提言を行っている (Trịnh Duy Luân và Bùi Thế Cường, 2002: 35–36)。

・農村居住者の所得を増やすため，農業ではない起業や仕事を通じた農業の多様性を奨励すること。
・農業技術，農村のインフラストラクチャーへの投資に優先性を与えることである。
・農業からの労働移動を奨励することである。
・農村工業，都市農業地域において，あらゆる主要建造物を発展させることである。
・農業部門への金融と生産物の販売における優先政策，および農民のための，特にまずもって貧困世帯への，資本に接近できる機会を増やすことである。
・長期的土地使用権の形成である[2]。

　いわば農村開発の基本方向は，農地の転用と，農民の副業・兼業，転業，農業からの労働力移動の方向および農家経営の安定である。この点について，チン・ズイ・ルオンは，「農村地域への資源の集中，農民に向けた非農業的な仕事の創出は，経済成長に並行した貧困の緩和と不平等の減少の可能な基軸的対策である。この問題は近代化や工業化政策と直接的に関連する」と指摘した（Trinh Duy Luan, 2002: 17)。チン・ズイ・ルオン＝ブイ・テ・クオンのいう農業からの労働力移動という方向は，その後ドー・ティエン・キーンの「農民を減少させる」というよりラジカルな提言へと展開していくが，再度どの程度の農民の減少が望ましいのかが，問われねばならないであろう

67

第 1 部　社会階層分析

3.　ベトナムにおける社会階層の再構成

1）社会階層の再構成の方法と産業構造

　ベトナムにおける社会階層の再構成の方法は，いわゆる大橋隆憲をは
じめとする社会科学者達によって作成されてきたわが国の階級構成表モ
デルを，ベトナムに当てはめることにある。ドー・ティエン・キーン
は，自らの研究を国際標準に基づくと称しており，「国際標準」である
かはともかくとして，そうした研究自体は尊重されるべきことではあ
る。とはいえ国際比較をする上では，わが国で長い蓄積を有する階級構
成研究を，ベトナムに当てはめると何が言えるのかも注目されてよい
(Đỗ Thiên Kính, 2012)[3]。

　そこでまず階級構成表の前提である，産業構造から検討しよう。使
用するデータとしては，ドー・ティエン・キーンはVHLSS (The Survey
of Vietnam Household Living Standards) を用いているが，筆者は再集計可
能な2009年版「労働力調査」結果を利用することにしたい (Ministry of
Planning and Investment, General Statistics Office eds., 2010)。

　表4-1は2009年9月1日現在の産業別就業者数である。ベトナムは
農業国であると言われるが，全国的にはそれが妥当し，都市よりも農村
において，やや男性よりも女性に該当する。第一次産業に次いで多いの
は，いわゆる工業部門ではなくて第三次産業である。第三次産業従事者
は女性に多く，男性は第二次産業が目立つ。ベトナムでは商売を行って

表4-1　産業別就業者の割合

%

	全国	男性	女性	都市	農村	ハノイ市	ホーチミン市
全体	100.0	100.0	100.0	100.0	100.0	100.0	100.0
第一次産業	47.6	45.4	50.0	14.1	68.2	26.0	3.3
第二次産業	21.8	32.3	17.9	34.5	13.5	34.3	44.7
第三次産業	30.6	22.3	32.1	51.4	18.3	39.8	52.0

資料）　*Report on Labour Force Survey Vietnam 1/9/2009.*

68

いるのが女性の場合が顕著であり，このことの反映であろう。

　ハノイ市とホーチミン市という2大都市別の比較においては，ハノイ市の方が農業就業者が多く，逆にホーチミン市はより商業・工業都市としての性格が顕著である。ハノイ市が首都であるにもかかわらず，全国の都市と比べて第三次産業従事者が少なく，第一次産業従事者が多いのは，2008年8月1日にハタイ省との町村合併が行われた結果であろう。

2）従業上の地位と経済部門

　表4-2は，従業上の地位である。全国的には，自営業が多く，次いで賃金労働者が目立つ。もちろん自営業割合が高いのは，第一次産業従事者の割合が高いことの反映である。性別では，男性は女性よりも賃金労働者の割合が高く，逆に女性は自営業と家族従事者の割合が高い。

　1985年に紅河デルタで行われた農民に対する調査において「子供に就いて欲しい職業」では，息子に対しては62.6％の親が他出を望んでいるのに対して，娘に対しては46.6％の親が農業を継ぐことを望んで

表4-2　従業上の地位　(2009年)

千人，%

	全国	男性	女性	都市	農村	ハノイ	ホーチミン市
人口	86,025.0	42,523.4	43,501.6	25,584.7	60,440.3	6,472.0	7,196.1
労働力	49,301.9	25,335.5	23,966.4	13,937.1	35,364.8	3,425.6	3,861.2
就業者	48,014.9	24,694.0	23,320.9	13,328.7	34,686.2	3,326.4	3,669.7
全体	100.0	100.0	100.0	100.0	100.0	100.0	100.0
雇用主	4.8	6.3	3.2	6.8	4.0	5.0	7.1
自営業	44.7	42.6	46.9	33.5	49.0	39.1	27.2
家族従事者	16.8	11.8	22.2	8.2	20.2	10.6	5.5
賃金労働者	33.4	38.9	27.5	51.2	26.5	45.0	60.1
協同組合員	0.1	0.2	0.1	0.1	0.1	0.2	0.1
見習い，訓練中	0.2	0.3	0.1	0.3	0.2	0.1	0.2
失業者	1,287.0	641.5	645.5	608.4	678.6	99.2	191.5

注）人口は，*Statistical Yearbook of Vietnam 2010* による。
資料）表4-1参照。

第 1 部　社会階層分析

表4-3　経済部門別就業者

%

	全国	男性	女性	都市	農村	ハノイ	ホーチミン市
全体	100.0	100.0	100.0	100.0	100.0	100.0	100.0
個人・世帯	5.0	4.4	5.6	7.4	4.1	3.8	10.1
事業者世帯	73.6	72.8	74.6	53.1	81.5	61.4	41.6
集団部門	0.5	0.6	0.3	0.6	0.4	0.6	0.6
民間	8.0	9.7	6.2	14.8	5.5	12.6	26.1
国家	10.0	10.5	9.5	20.3	6.0	17.5	13.3
外国投資部門	2.9	2.0	3.8	3.9	2.5	4.0	8.4

資料）　表4-1参照。

いたが，表4-2をみるとそうした志向が継続していることを伺えるとともに (Vu Manh Loi, 1991: 154)，前述したように商売を行っている者が女性が中心であることを反映したものとなっている。

　都市と農村別では，当然ながら農村では自営業と家族従事者が多く，都市では賃金労働者が多い。ハノイとホーチミン市の比較では，ホーチミン市はハノイ市よりも賃金労働者が多く，自営業と家族従事者の割合が低い。これに対してハノイ市は，ベトナムの都市の平均よりも自営業と家族従事者の割合が高く，賃金労働者の割合は低い。つまりホーチミン市の方がハノイよりも都市型の従業者によって形成されているということである。

　経済部門別の特徴は，表4-3のとおりである。全国的には圧倒的に事業者世帯に就業している者が多い。次いで多いのは，国家部門 (Nhà nước) である。事業者世帯と言っても実態は自営業と家族従事者として就業している者が76.7％に達している。集団部門である合作社などに属している者は，きわめて少数である。

　都市，農村別の特徴では農村では明らかに事業者世帯に属している者が大部分であるのに対して，都市では事業者世帯がやや少ない代わりに，国家部門と民間部門が目立つ。全国データでその詳細をみると，教

育・訓練に就業している者と上下水道関連の者は国家部門に就業しており，民間部門は金融・銀行・保険業と鉱業に就業していることを読み取れる。ハノイ市とホーチミン市との比較では，ハノイ市では相対的に事業者世帯が多く，逆にホーチミン市では民間が多い。個人・世帯および外国投資部門もハノイよりも高い特徴があり，外国投資部門の高さからその経済的集積を伺える。他方，ハノイは国家部門がホーチミン市よりも顕著であり，首都として教育文化都市の性格が現れている。例えば小学校から後期中等学校までの学校数は，2010年現在ハノイが1,471校であるのに対してホーチミン市は881校に過ぎない。また大学および専門高等学校の教員数でもハノイは19,982人に対してホーチミン市は16,547人に過ぎず，図書館数も前者が30館に対して後者は26館であり，これらのことが明らかにデータに反映していると言えるのである。

3）職業別の特徴

　職業別の特徴は，表4-4のとおりである。全国的に見て顕著な点は，未熟練職が多いということであり，次いで販売・サービス職が多く，第3位に熟練農林水産業職が登場していることである。ベトナムの2008年までの職業分類では，未熟練労働は，販売・サービスに関する単純労働，農林水産業に関する未熟練労働，鉱工業・建設・輸送・その他の未熟練労働からなる。高度専門職は，自然科学および工学，生命科学および保健，教育・訓練，様々な専門知識からなる。他方中位専門職も，自然科学および工学，生命科学および医療，教育・訓練などからなっている[4]。

　性別では，男性は女性に比べて手工業・販売と熟練農林水産業職が顕著であり，逆に女性は販売・サービスと未熟練職で顕著である。表4-1で女性は男性よりも第一次産業に就く傾向がやや見出されたが，男性は農林水産業のなかでも熟練的な労働を担当し，女性はおそらく未熟練的

第1部　社会階層分析

表4-4　職業別就業者の割合

%

	全国	男性	女性	都市	農村	ハノイ	ホーチミン市
全体	100.0	100.0	100.0	100.0	100.0	100.0	100.0
リーダー・管理職	1.0	1.5	0.4	2.3	0.5	1.7	1.9
高度専門職	4.6	4.6	4.7	11.7	1.9	13.8	10.6
中位専門職	3.8	3.2	4.4	7.6	2.3	4.7	7.9
事務職	1.6	1.7	1.6	3.0	1.1	2.1	4.1
販売・サービス職	15.6	10.8	20.5	27.5	11.0	21.2	28.8
熟練農林水産業職	14.8	16.1	13.4	5.4	18.4	0.7	2.7
手工業・販売	12.5	17.1	7.7	14.3	11.8	16.1	14.3
熟練職	6.7	8.8	4.4	10.2	5.3	8.9	18.0
未熟練職	39.4	36.2	42.9	18.1	47.6	30.7	11.6

資料）　表4-1参照。

な労働に就く傾向があると言えよう。都市・農村別では，極めて明瞭な職業的な差異があり，前者では販売・サービスと高度・中位専門職，熟練職（機械の操作・組み立てに携わっている職種）で農村に比べてかなりその割合が高く，逆に農村は当然であるが熟練農林水産業職と未熟練職が著しく多い。

　ハノイとホーチミン市との比較では，ホーチミン市の方がその割合が高いのは，熟練職と販売・サービス職，中位専門職と事務職，熟練農林水産業職である。これに対してハノイの方がその割合が高いのは，高度専門職と未熟練職，手工業・販売である。いわばホワイトカラーの上層がハノイに集積しているのに対して，中下層がホーチミン市に集積する傾向が見出されるのである。この点について，ホアン・バ・ティンは，「ハノイは，首都であり，国の政治，経済，科学の中心であるので，主要なリーダーと高度専門職が集積しており，多くの大学，専門高等学校，およびベトナムにおける牽引となる研究機関が立地している」と指摘する（Hoàng Bá Thịnh: 924）。これは間違いない事実であり，こうしたハ

ノイに高度研究機関の集積の結果としてホワイトカラーの上層の割合が高いのである。

表4-5は，職業別の従業上の地位である。本来であれば，従業上の地位別職業の表があるのが望ましいが，あいにくこの集計結果は見出されない。そこで次善の策として，職業別の従業上の地位を示すことにする。まず全国で見たとき特徴的なこととして，リーダー・管理職に4分の1ほど使用者がいることである。第2は，専門職と事務職といったホワイトカラーは，当然であるが賃金労働者であることである。第3の特徴として熟練農林水産業職，販売・サービス，未熟練職では自営業比率が高いことをあげられる。第4の特徴として，熟練職において賃金労働者比率が高いと言える。これは熟練職が，前述のように機械の操作・組み立てに携わっている職種であるためである。

ハノイとホーチミン市の比較では，第1にリーダー・管理職で，ホーチミン市においては6割以上が使用者であるのに対して，ハノイは3分の1しかいないことである。これはハノイではどちらかというと共産党関係者や政府の官吏にウェイトがあるのに対して，ホーチミン市では民間企業の経営者や管理的業務に携わる者が顕著であるという相違として推測される。第2の点は，ホーチミン市において中位専門職に1割以上使用者がいる。この理由は不明であるが，賃金労働者を雇っている使用者型の専門職が多いということである。例えば，民間の幼稚園数は，ハノイは2009年時点で116であったのに対して，ホーチミン市では293（公立ではない園）であったこともその要因であろう。第3にハノイにおいては，手工業・販売で1割以上使用者がいる。これは小売業，問屋街兼職人街として存在する旧市街があることの影響があろう（本書7章参照）。第4に，ハノイでは未熟練職の2割が家族労働者であるのに対して，ホーチミン市では半分が賃金労働者である。つまりハノイの未熟練者とホーチミン市のそれは未熟練者と括ってあっても別の職種であるこ

第 1 部　社会階層分析

表 4-5　職業別従業の地位

%

| 全国 | | | | | | |
	全体	使用者	自営業	家族労働者	賃金労働者	協同組合員	見習い，訓練中
全体	100.0	4.8	44.7	16.8	33.4	0.1	0.2
リーダー・管理職	100.0	24.6	0.9	–	74.5	–	–
高度専門職	100.0	0.5	1.2	–	98.1	–	0.1
中位専門職	100.0	5.2	6.9	1.0	86.3	0.3	0.1
事務職	100.0	1.7	5.9	2.2	89.9	0.3	–
販売・サービス職	100.0	8.8	56.2	13.8	20.9	–	0.3
熟練農林水産業職	100.0	7.0	75.4	11.6	5.9	0.1	–
手工業・販売	100.0	8.3	30.7	4.9	54.9	0.3	0.9
熟練職	100.0	3.5	24.1	1.3	71.0	0.1	–
未熟練職	100.0	1.6	47.9	31.0	19.4	0.1	–

| ハノイ | | | | | | |
	全体	使用者	自営業	家族労働者	賃金労働者	協同組合員	見習い，訓練中
全体	100.0	5.0	39.1	10.6	45.0	8.2	0.1
リーダー・管理職	100.0	33.3	1.1	–	65.5	–	–
高度専門職	100.0	0.6	1.1	–	98.3	–	–
中位専門職	100.0	4.6	8.4	1.0	86.0	–	–
事務職	100.0	2.2	3.3	1.2	91.6	1.7	–
販売・サービス職	100.0	8.3	55.2	11.9	24.2	0.3	–
熟練農林水産業職	100.0	9.0	74.5	7.2	9.3	–	–
手工業・販売	100.0	11.3	24.4	7.6	56.3	–	0.4
熟練職	100.0	1.1	23.3	0.6	74.7	–	0.2
未熟練職	100.0	1.2	65.9	21.6	11.1	0.3	–

| ホーチミン市 | | | | | | |
	全体	使用者	自営業	家族労働者	賃金労働者	協同組合員	見習い，訓練中
全体	100.0	7.1	27.2	5.5	60.1	0.1	0.2
リーダー・管理職	100.0	63.0	–	–	37.0	–	–
高度専門職	100.0	1.5	2.0	–	95.9	–	0.7
中位専門職	100.0	14.0	16.2	1.4	68.3	–	–
事務職	100.0	–	0.5	–	98.7	0.8	–
販売・サービス職	100.0	10.9	39.2	13.3	36.5	–	0.2
熟練農林水産業職	100.0	7.7	57.1	21.5	13.8	–	–
手工業・販売	100.0	5.9	30.9	2.3	60.7	–	0.2
熟練職	100.0	0.9	19.7	1.3	78.0	–	–
未熟練職	100.0	1.8	41.4	3.4	53.1	0.2	–

資料）表 4-1 参照。

4章　社会階層論の検討と再構成

とが推測できるのである。

4）ベトナムにおける階級構成

　表4-6は，ベトナムにおける階級構成の推計である。本推計には若干の統計上の問題がある。すなわち，まずもって職業別従業上の地位統計を根拠として筆者が計算し直したものである。第2に手工業・販売および未熟練職には販売・サービスが含まれる。すなわち労働者階級のうち販売・サービス職の割合がやや低く，逆に生産的職業の割合が若干高く集計されているということである。第3に表4-6の注にも記したように管理的自営業を自営業に含んでいるという課題がある。

　上記統計上の問題を踏まえて，次に概念上の問題に触れておきたい。資本家というカテゴリーを位置づけているが，これは筆者のオリジナルな発案ではない。既にドー・ティエン・キーンがこの用語を用いてお

表4-6　ベトナム階級構成　（全国）

労働力人口	49,301,900	100.0%
就業人口	48,014,900	97.4%
管理的職業・資本家	2,662,426	5.4%
内リーダー・管理職	480,149	1.0%
自営業	29,529,164	59.9%
自営業	21,462,660	43.5%
家族従事者	8,066,503	16.4%
労働者階級	16,982,063	34.4%
賃金労働者	15,679,266	31.8%
専門的技術職業	3,741,321	7.6%
事務職	6,906,463	14.0%
生産的職業	9,668,424	19.6%
販売・サービス職	1,565,478	3.2%
協同組合員	8,307	－
見習い，訓練中	7,490	－
失業者	1,287,000	2.6%

注）賃金労働者の内訳で数字が一致しない部分がある。管理的自営業は，自営業に含んでいる。

75

第1部　社会階層分析

り，それを流用しているのである。では階級構成の内実は，どうなっているのであろうか。まず管理的職業・資本家階級は，どの位であるかを見ると5％強である。資本家が支配階級であるかどうかは，議論の余地があるが，管理的職業・資本家階級が社会の上層であることは間違いない。第2として自営業層が6割に達している。ベトナムが自営業中心の旧中間層型の社会であるということである。これは表4-2で見たように労働力に占める農村人口の割合が都市を凌駕しているので，自営業に占める農民の割合が高いことを示唆している。実際，自営業に占める熟練農林業職の割合が20.9％，未熟練職の割合が50.5％で，販売・サービスは17.8％，手工業および販売職が7.2％であるので，未熟練職のうち単純に3割が農林漁業従事者と考えてもやはり農民中心であることは推測できる。

　この結果を，日本の階級構成と照らし合わせると自営業比率が6割，労働者階級が3割強であるのは高度成長以前のわが国の1950年に該当すると言える。ところがあまり意味があるとは思えないが管理的職業・資本家比率5％，サラリーマン比率2割で比較すると1975年から1985年段階に相当するということになる（大橋，1971: 85; 橋本，1986: 11）。それでは，ベトナムにおける工業化の進展が，旧中間層型社会を分解するとともに，市場経済の進展が国家部門のサラリーマン層比率を縮小させて行くのであろうか。これらは今後の興味深い論点と言える。

むすびにかえて

　最後に，ドー・ティエン・キーンの階層研究結果と照らし合わせるといかなることが言えるのであろうか。キーンはリーダー層と企業家をもってして1.4％，専門技術職とサラリーマンで8.8％，労働者が3.4％，商業・サービス階層で16.6％，小工業層13.2％，単純労働者－自由業

76

4章　社会階層論の検討と再構成

8.2％，農民48.4％と分析している (Đỗ Thiên Kính, 2012: 55)。分析の根拠となる統計および調査資料も，分析手法も異なるので，単純な比較はできないが，キーンの研究では，リーダー層と企業家，ホワイトカラー（いわゆるサラリーマン）比率，労働者比率が全体として筆者の研究よりも少なくなっており，その分従業上の地位比率が不明であるが，自営業比率が高くなっていると言える。ただ第一次産業就業者比率（表4-1参照）でのみ比較するとほぼその割合は近似している。同じ現実を対象にしているにもかかわらず，異なる分析結果となっている点は，検討すべき今後の課題と言えよう。

　また方法論的には，ベトナム研究に階層研究と階級構成分析を適用するだけではなくて，わが国において長い蓄積を有する一達の階級・階層分析の応用という課題もある。それは，チン・ズイ・ルオン＝ブイ・テ・クオンによって，前述のように「民間企業の雇用者の3分の1と小企業の家内生産従事者の5分の1が20％の富裕層である」と指摘されるように，自営業一つとっても従業上の地位だけでは分からない大きな所得階層差を内包しており，労働者と一括りしても従業員数によっても労働条件が異なるためである。いずれにせよこうした課題を提起して本章のむすびにかえることにしたい。

　注

　1)　ホアン・バ・ティンはヘラーの1970年版に依拠して引用しているが，筆者は1987年版の第2版によって補正した。

　2)　土地使用権については，土地法によって1993年から1年生植物は20年，多年生植物は50年となっている。

　3)　ここでは，むろん階級構成研究の現代日本への適用の有効性は問うていない。またドー・ティエン・キーンの研究の位置づけはその著書では記載されておらず，その草稿で述べられている。

　4)　ここでの職業分類は2008年までのVHLSS調査で用いられた区分による (Đỗ Thiên Kính, 2012: 29-30)。したがって，本研究で用いられている区分は，2009年

第 1 編　社会階層分析

に実施されているもので，2008年のものとは幾分か違っている。

第2部

貧困・都市の社会学的分析

5章　ベトナム映画「バーガール」の社会学

はじめに

　2003年8月，筆者はベトナム映画「バーガール」について，次のように紹介した。

　「2003年3月時点で20万ドルを売り上げ15万人の観客を得た Gai Nhay（バーガール）というベトナム映画がハノイやホーチミン市で上映されている。映画は現代のホーチミン市を舞台に，女性新聞記者の潜入体験を交えて，貧困の問題や富裕階層の若い女性がバーガールになり，麻薬中毒者になることで身を滅ぼしていく様子を描き出したドラマである」（橋本，2003: 86）。この映画のリリースが2003年であったことを考えると，筆者の紹介が極めて早い時期であったことがわかるであろう。それから13年の歳月を経た。

　その間，英語圏において詳細に「バーガール」（原題：踊り子）とその続編である「ストリート・シンデレラ」(Lo lem he pho, 原題：汚れた歩道) について論評が行われるようになってきた。実に「バーガール」は，最終的に100億ドン（当時のおよそ70万米ドル）とも130億ドン（100万ドル）ともいわれる興行額に達して，ベトナム映画を活性化し，一つの文化現象にもなったのである (Nguyễn-võ, 2008: 216; Nguyen Thi Thu Ha, 2005: 1)。エドガール・モランは，「映画の社会学」のなかで，映画作品は社会体の分泌物であるとともに観衆自身の分泌物でもあると述べているが，一つの文化現象にもなったということは，ベトナム民衆の要求に合致したということであろう (Morin, 1984=1990, 519)。

81

第2部　貧困・都市の社会学的分析

　しかし，ベトナム映画界では，芸術性と興行中心主義に対して疑義が投じられたのも事実であり (Do, 2006: 176)，対概念的に論じられた「ストリート・シンデレラ」は，社会学的にさほど興味深い内容ではない[1]。したがって，ここではベトナム語版のテレビ番組および英語字幕版のインターネット配信の映像を基に，「バーガール」を再構成し，英語圏での議論について検討をしたい。

1.　ストーリー

1）導入部

　1880年に開業したホテル・コンチネンタル・サイゴンのクレーン・ショットとともに映画の上映が始まり，カメラは伝統的な白いアオザイをまとった二人の女性を追う。HIV/エイズ防止国際会議の準備シーンである。

　ここからダンスホールにシーンは転ずる。正確にはディスコというべきで，現代日本のクラブに相当する。主人公の1人であるハン（ハイン）[2]が登場する。テーブルで2人の男に近づき，客に点けてもらった煙草を吸う彼女。「アメリカ人か」と尋ねられ，「アラブガール」と答え，彼女の主張が正しいことを確認するため，男たちは彼女にベリーダンスを求める。お腹をくねらせながら近づいて楽しく回りながら会話する。その後，2人の男達と夜の値段の交渉を行っている。

　ここで新聞記者が潜入し，それからもう一人の主人公であるホアが登場する。客に特大のレミーマルタンを勧める。しかし，彼女はチャレンジしない男を嘲笑う。「見るからに物質的に恵まれている」というのがグエン・ボー・ツー・フォンの評価である (Nguyễn-võ, 2008: 223)。バーガール（ホステス）達は，ジョニ黒をあおり，トイレにたむろする。やがてハンは酔いつぶれる。女達を手配する支配人らしき女衒も登場する

82

3)。

　新聞記者が1人のバーガールに接触するが，結果的に追い払われてしまう。その後，場面は転換し，新聞の印刷シーンになる。新聞記者は，編集長に抗議するものの，編集長が学生時代ウエイターのアルバイトを行っていた経験から，逆に編集長に記事の表層性を叱られ，再度潜入取材を命じられることになる。

２）展開するストーリー

　新聞記者は，バーガールの格好をし，彼女達にまぎれ込み，一見すると彼女達と仲良くなった様子である。店が閉った後，意気投合し，若い男が運転するジープに乗って街へ繰り出していく彼女達。しかし，意気投合したように見えたのは表面だけで，新聞記者は中心地ではない4区の露地裏でバーガール達にリンチされてしまう。大きな痛手を負う彼女。

　場面は再度国際会議に転じ，権威的に見える男性教授が講演する。教授によれば，「HIV/エイズの惨劇は核兵器に対する懸念を超えている。我々は，この脅威についての警告を発する責任がある。この脅威は，環境問題に基づくものではなくて，政治的な憎しみからでもなくて，無知からでもなく，自制心の欠如，道

写真5-1　バーガールに扮する新聞記者（中央）

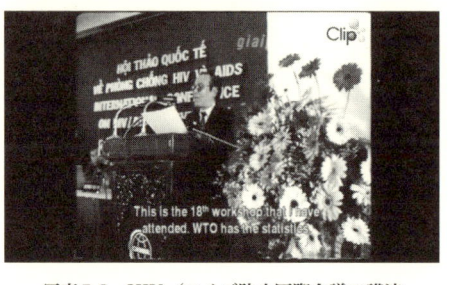

写真5-2　HIV／エイズ防止国際会議の講演

第2部　貧困・都市の社会学的分析

徳の境界線を超えた快楽に基づくものである」(Nguyễn-võ, 2008: 226) と指摘する。病院で目覚める記者。その後，彼女は，公安（警察）と一緒にクラブの支配人を迅問し，バーガールのリストをチェックする。しかし，該当者達を発見できない。そこで，彼女は写真をもとに自分で容疑者探しをする。露店で桃を買い，住所を尋ねる彼女。分からない。けれども，ちょうどバイク・タクシーの若者が容疑者宅を知っていることを嗅ぎつける。値段は言い値で2万ドン。再び公安ですら簡単には見つけられない露地裏へ到着する。ドーとターは，「郊外のスラム」(Do & Tarr, 2008: 63) と指摘するが，そのような根拠は見られない。置き家であろうか。女性ばかりの家である。そこで，赤ん坊の世話をしているゴックを発見する。洗濯物をたたみながら話をする2人。やがて2人は，シクロで赤ん坊と一緒に外出する。着いたところは病院で，そこでギャングのリーダーである病人を発見する。病人は赤ん坊の母親であるが，酸をかけられ顔がケロイド状にただれている。

　ミュージカルの練習をするバーガール達のシーンの後，その商売のために夜のボートに乗るハン達。ところが，彼女達は集団でレイプされかけるのである。泳いで2区の叔母の家に行くためサイゴン川に逃げる彼女。叔母さんとくつろぐ彼女。叔母はハンの蝶の刺青を悪魔の印と呼ぶ。ハンの変身についてグエン・ボーは「女性達は二進法で，ある種の女性から別の女性への変容を経験する。バーガールでは，ハンは叔母の家に行くためサイゴン川を泳いで横切り，そこで水を吐き，子供を育てる地元の女性にまったく完全に変身する」(Nguyễn-võ, 2008: 233) と指摘する。しかし，このような「ある種の女性から別の女性への変容」という指摘は当たり前のことを論じているにすぎない。グエン・ボーが研究者としての顔と女性としての顔とあるいは子供としての顔があるように，仮に娼婦であっても24時間娼婦の顔をしているわけではないからである。当然土着的なベトナム女性としての顔が描かれておかしくない。問

5章　ベトナム映画「バーガール」の社会学

題は，どのような顔をみせるのかなのである。この点でホアと対照する
と大きく異なるのである。

　記者は，収容所を訪問し，そこでホアを発見する。彼女の記事を書き
たいと保釈を求め，一緒に公安のジープでホアの自宅に向かう。大きな
邸宅に住むホア。ブランコで会話する2人。自分をロリータ・ホアと名
乗り18歳にはなっていないと答えている。中年のメイドに文句をつけ
て，わがまま娘の様子が歴然としている。怒りで叱りつける記者。

　ここで教授のインタビューシーンに転じ，麻薬や売春について答えて
いる。実はホアはその娘なのである。自分の未成年の娘が，ヘロイン中
毒の娼婦であるのは，権威に対する痛烈な皮肉である。置き屋シーンに
なって，ヘロインを仲間にねだるホア。そこへ女衒がやってきてヘロイ
ンを投与する。その後，ホテル（旧アマラ・サイゴン・ホテル）のプール
のシーンで3人の男が登場する。談笑するバーガール達。ハンは一人の
中年男性（越僑）と意気投合する。6人の男女がミニバンに乗って到着
した所は，バックの巨大なキリスト像[4]からしてブンタウのビーチであ
る。ブンタウは，ホーチミン市から向かう代表的な海水浴場であり，富
めるサイゴン人達のバケーションの場であるが，ハンやホアのように，
恋人を装って，顧客をエスコートする消費主義と頽廃の場所であるとい

う (Do & Tarr, 2008: 64)。頽
廃という点では，別にブン
タウに限らず世界中のあら
ゆる観光地が該当するだろ
う。バーガール達と男達
は，海岸の砂遊びの後に，
幸せそうにカクテルを飲
む。

　ホテルの一室に転じて，

写真5-3　ブンタウでのハンと越僑

85

第2部　貧困・都市の社会学的分析

ホアは若い男性と戯れる。男が差し出した米ドルの札束に火を点け，それで煙草を吸うホア。あきれる男。夜の海岸になる。ホアは一人で歩き，キャンプをしている男女数カップルに遭遇する。男達との海岸でのセックス。グエン・ボーは，「ホアは，ヘロインと引きかえに6人の男たちと眠りに着く」(Nguyễn-võ, 2008: 230) とあり，また「夜のギャングセックスのシーンで完全に真正面のヌードという特色を持つ最初のベトナム映画である」(Nguyễn-võ, 2008: 225) と指摘する。しかしながら，6人の男ではなく英語の字幕では5～6人と記載されている。

3）転換するストーリー

　浜辺でのセックス・シーンの後，夜が明け3人の少女が突然出現する。多くの白い服を着た少女達が浜辺で遊んでいる。その一方ハンは，シャワーのシーンで入れ墨を消そうとする。越僑の中年男とベッドインしようとするハン。ホアがいないことで大騒ぎになる。

　白服の少女達のなかから白いアオザイ女性が現れ，ホアに白いアオザイを着せる。白いアオザイへの転換はかなり無理な映像である。かつらを取るホア。穢れを取る儀式であるかのように，遊戯する少女達の一団に加わるホア。

写真5-4　白いアオザイのホアとハン

グエン・ボーの指摘する「幻想」そのものである (Nguyễn-võ, 2008: 231)。

　ホテルの入り口での中年男性との別れのシーンとなり，越僑がメモをハンに渡す。ここでは客と娼婦という関係よりも完全に恋人モードとなっている。ドー

は，「彼女は，もはや男たちと性の取引をして生活費を稼ぎ，家族を破壊し，社会秩序を乱す可能性がある女性ではない」(Do, 2006: 180) と指摘する。娼婦が家族を破壊し，社会秩序を乱すかどうかについては，社会秩序を維持するという見解もあり，評価が分かれる。

　ホアがみつからないためか，ホテルに残るハン。そこへアオザイではしゃぐホアが出現する。しかし，自分が HIV に感染していること，既にずっと以前に死んだも同然だったことを語る。ヘロイン注射後ショックでホアは倒れ，救急車で運ばれていく。「ホアの身体を連れて去る救急車が海岸で舞う女子学生のキャンプ地のワンショットとともに，出現する。同じショットでの白い小学生達とホアの消失の併置は，不可欠な幻想的な場所でのナショナリスト的幻想を保持し，見込みのない過度の楽しみの結果として生ずる死の絶対的否定性だけである」(Nguyễn-võ, 2008: 232)。あるいは「男たちによる仕返しと将来の女性による何らかの性の破壊，ホアン監督がそのもっとも強力な女性の特徴に与えた破壊的要素への警告である」(Do, 2006: 184) と評されることになる。

4）エンディング

　いよいよエンディングである。支配人が置き屋に現われるものの，ハン達はホアの死の原因をもたらした彼を毒殺する。その後ハンは，公安とギャングの追及を逃れ，新聞記者の部屋に助けを求めに行く。ホアと自分の境遇について語るハン。「私は路上で育ったの。下水管のなかで生きていたわ。あんた聞いているの？　歩道で人が頭の上を通りすぎていくのよ」。「学校に行く機会もなかったから，馬鹿なのよ」。明日話すことにして，もう寝ましょう，と話を打ち切る新聞記者である。

　変わって，叔母の家。ハンは，バーガールと越僑が国の辺境に置かれているので，両者だけが結婚できることを叔母に話しており，彼女は結婚を期待する。「それは尊敬に値する真のベトナム人女性の女性性への

第２部　貧困・都市の社会学的分析

写真5-5　ハンの叔母の家

写真5-6　演説するハン

潜在的贖いであって，彼の下層の皿洗いとしての仕事と越僑としての国への距離によって周辺化されたもう一つのものを通して，現実には贖いは促進されるのである」(Nguyễn-võ, 2008: 230)。ただし「下層の皿洗い」というのは，アメリカでの仕事である。場面はデスクで原稿を読む新聞記者のシーンの後，越僑を尋ねるハンになる。大きな庭の中で遊ぶ夫婦とその子供に見える越僑。ただ何故か目の前に妻らしき女性がいるのに，彼が洗濯を行っている。門の外からそれを見て，動転したのか，バイクで帰る途中で事故に遭遇するハン。

　HIV/エイズ国際会議で，新聞記者のスォンの代わりに，事故の影響で足を引きずって赤いタンクトップと黒いミニスカート，黒のブーツという「バーガール」の恰好で演説するハン。「どうぞ私に注目して下さい。私はバーガールです。正確には売春婦です。値段は一夜で100ドル，客が数人なら50ドル以下です」。ここで例の越僑が赤い薔薇と霞草らしき花束を持って会場に現れる。「HIV/エイズについて聞きました。私たちは死につつあるので，どうか皆さんなんとかして下さい。先週友達が死にました。私の順番はいつか分かりませんが，私はHIVに感染

88

しているので，すぐ死ぬと思います。スォンさんが私に長文の原稿を書いてくれました。でも検査結果だけを読むことにしたいです。病院が今朝これをくれました。グエン・フオン・ツエット・ハン，結果は陽性。『陽性』の意味は分からないです。でも病室の患者さんが私に死を意味すると話してくれました。私が死ぬということです。私は死にたくないわ。23歳なの。

多くの友達が私を好んでくれています。何人かは母親や兄弟を食べさせねばならないのです。どうぞ皆さん私が生き残る方法を見つけて下さい。もし生き残れるならば，もうバーには戻りたくないし，売春も決してしたくないです。生き残れるならば，母を見つけたいし，結婚したいです。とても私を愛してくれている男性がいます。彼はとても素敵ですが，この病気のことを知りません……

私は生きねばならないの，生き残らねばならないわ。まだ23歳だし，死にたくないわ……死にたくない。機会を与えて，どうか私を助けて……ママ，死にたくないわ。死にたくない，ママ！」。ここで映画はフィナーレとなるのである。

2.　バーガールの評価

以上，筆者はバーガールのストーリーを詳述した。映画が，2000年代前半のベトナム・ホーチミン市のアンダーグラウンドな世界，麻薬・売春というベトナム政府のいう「社会悪」を描き出したことは確かであり，その意味で一定の社会的リアリティがある。2013年1月発表のベトナム推計売春婦数は30,000人，麻薬使用者は171,400人であった。麻薬中毒者の推計では1994年が18,3450件，2000年が122,393件であったので，90年代後半には減少傾向であった麻薬中毒者は逆戻り傾向にある。また推計売春婦数は1994年が76,551人，2000年が40,581

第 2 部　貧困・都市の社会学的分析

人であったので，こちらははっきり減少傾向にある。特に「社会悪」は
都市部よりも地方，農村部や山岳部など生活水準の低い地域に顕著であ
るという（Tệ nạn xã hội chưa có dấu hiệu giảm「社会悪の減少の兆候はない」，
Trần Việt Trung, 2002: 285）。

　とはいえ生活水準が相対的に低水準だった 2003 年という時点で，映
画は第 1 にドーとターによれば，「格好良さ，セクシーさ，独立性，豊
かなの生活，変化への熱望，興奮など，だがまたそれらが数えきれない
ほどの HIV 感染者を拡散することへと運命づけ，命取りにする。だが
レ・ホアンが描く若いベトナム人のシティガール達は，彼女達の悲しい
運命を通じて消費主義と西欧化のマイナス面についての厳しい警告を発
していると同時に，モダーンなホーチミン市の将来の希望の反映でもあ
る」(Do & Tarr, 2008: 64) と指摘した。しかし，ホアとハンの悲劇的結論
から，ホーチミン市の希望を読み取るのは，かなりの無理がある。むし
ろ，社会的リアリティとホアとハンの悲劇を示すことを通じて，結果的
に社会悪を糾弾した映画とみなすべきである。

　もしホーチミン市の将来の希望というならば，ハンの下層の伝統的ベ
トナム人女性の誠実さ，ホアの白いアオザイの伝統美での贖罪のうちに
示されているのかもしれない。とはいえ，この映画から 10 数年の歳月
を経て，現実のスカートを履く女性の増大とアオザイ女性の減少，誠実
さの反面としての土着的ベトナム人のしたたかさから見れば，伝統の保
持の困難さと伝統の負の側面も内在させていると言えよう。

　第 2 にチュオン - ダイ・ホン・ボーは，映画が善と悪の誇張，センセ
ーショナルな自己の目覚めの舞台であるにもかかわらず，メロドラマ的
要素を使用しているのはパロディだと指摘し，ツーの記事ではなくてハ
ンの身体のセンセーショナルな利用を通じて，観客は最終的に彼女のラ
イフスタイルの痛ましい結果を理解すると提起する (Chuong-Dai Hong Vo,
2008: 78)。ツーは新聞記者スォンのバーガールとしての源氏名であるが，

5章　ベトナム映画「バーガール」の社会学

確かにハンと越僑男性との恋愛は，あたかも「不倫風」のメロドラマの要素を含む。しかし，それは映画のシーンのなかでは後半部分であり，パロディと言えるような風刺的要素を含んでいないのである。もしホアと教授の親子関係をもってパロディと称するならば，メロドラマというのは相当無理がある。

写真5-7　DVDカバー

　第3に「善と悪の誇張」と指摘されるその社会悪の糾弾とホアとハンの悲劇が，ベトナムで顕著だといわれるHIV陽性者に対する偏見や差別を生み出す遠因になったとすれば，メダルの表裏ではあるものの，社会学的にみて映画の負の効果と言えるのである（ケア・インターナショナルジャパン）。

　ここで残された論点が有る。グエン・ボーがポスターとDVDのカバーに問題を提起する。ここではDVDカバーについてのみ取り上げよう。まず持ってこれは「古典的なバージン・娼婦の分割画像を示している。ハンは，左側では，短い，スリットのあるホットピンクのドレスを着て立っており，ヒールの高いブーツで前方にステップしている一方，ホアは右側に立ち，頼りなげで無垢な白いアオザイとストレートの学生の髪型で立っている。女性のパワーが満載のハンの黒いブーツの堅牢さよりも，ホアの白いアオザイの下半身は，まるで幻想から上昇するかのように赤煙の輝きでくすんでいる。彼女達の間のスペースのなかのくさびは，外国ラベルのタバコや暗い液体を含む男根注射器である。ホアが薬物乱用に溺れていたことを想起するならば，単純な処女と娼婦というダイコトミーはさらに分析がいる。右側が近代的で左側が伝統という世俗

91

第2部　貧困・都市の社会学的分析

的な空間的方向とは逆行している。

　配列が解釈に一定の秩序を示唆している。ピンクドレスのハンによっ
て先ずもって表現される市場のリアリティの近代性と，次に垂直的注射
器による社会的に媒介されない過度の喜びと，それからベトナムのナショ
ナリスト的な伝統的な姿のホアである」(Nguyễn-võ, 2008: 229-230)。

　このグエン・ボーによる DVD カバーの意味論的解釈は，とても興味
深い。だがそもそも，第1に DVD カバーは映画の一部であるのであろ
うか。監督が関与していることもあろうが，デザイナーが考えた映画の
イメージなのではなかろうか。第2に白いアオザイをもってナショナリ
スト的な伝統と規定することが適切なのであろうか。アオザイがベトナ
ムのキン族の伝統的ウェアであることは間違いないし，実際白いアオザ
イが高校の制服になってきたことも間違いない。しかし，それをもって
ナショナリストと呼ぶのは，かなりの飛躍である。カリフォルニアの越
僑女性が着るアオザイもベトナム人女性が着るアオザイもナショナリス
トであるのだろうか。日本女性が着る浴衣が，ナショナリストの象徴で
あるはずがない。

　第3にグエン・ボー自身に左側から右側に「進化」は描かれるという
イデオロギーが内在していると言える。このような欧米的思考による位
置づけは決して正しいものではない。むしろ芸術学的に分析すべき対象
と言えるのである。

注
1) 「ストリート・シンデレラ」は，英文タイトルから推定されるように，簡単
　に言えば，女優の恋人を持つ歌手であるカン・ズンが，娼婦との関係を深めて
　いく一方，女優から離れていく。他方，女優は俳優として娼婦を体験するとい
　う，ある意味非現実的なストーリー，大衆娯楽である。グエン・ボー・ツー・
　フォンは，アメリカ映画「プリティ・ウーマン」との共通性を読み取っている
　(Nguyễn-võ, 2008: 237)。社会学的には，ベトナムの置き屋（娼館）の様子を

垣間見れるところに意義がある。「バーガール」との共通性は，第1にハンとホアという同一の名前で同一の俳優が演じていること，第2にホアが最終的に無垢なイメージを獲得し，そして衰弱し救急車で運ばれるという点にある。

　なおベトナムの著作権上では，学術研究または教育の目的として，著作物を一部複製することは，著作権者の許諾を必要としないとあり，本稿はDVDカバーを除いて，Phim.clip.vnからスクリーン・ショットを得ている。

2)　標準語ではハイン，ホーチミン弁ではハンとなる。本人はハンと名乗っている。

3)　「ストリート・シンデレラ」では，女衒の役割を担うのが，ママさんである。彼女の存在について，グエン・ボーは「マダムないしはママの両者は，彼女ら[娼婦達]に罰を負わせて市場における貪欲と楽しみの代償を払わせ，悪しき結末を生じさせる者」であり，「ベトナムの男性優位社会の倒錯を示す可視的な一様式である」(Nguyễn-võ, 2008: 229) とジェンダー論的分析を行っている。

4)　ブンタウの白いキリスト像は，高さ32メートルに達しており，両手を広げて海に向かっている（「地球の歩き方」編集室，2011: 166）。2012年にはアジア最大のキリスト像として指定された。ドーとターは，ブンタウのサミーホテル（4星）とまで特定している (Do & Tarr, 2008: 64)。

6章　ベトナム都市社会学の一端

はじめに

　ベトナム都市の変貌は著しい。1997年1月の筆者たちの訪問から既に19年の歳月が経った。経済成長と物価高は，毎年訪問する度に自分のこれまでの知見を疑わせる。特にタクシー代と食事代は長年高騰してきた。円換算では些細な額ではあるが，バス代ですらホーチミン市の場合，2003年末の2,000ドン時代を知っている筆者としては，5,000〜6,000ドンになっていて驚愕である。超高層ビルやショッピングモールの建設と混乱がやまない交通事情，地下鉄の建設，劇的に増加しているスカートをはく女性たち，これは「ニュー・ミドルクラス」の誕生と無縁ではないのかも知れない。

　ベトナム社会の変化は，日本語でも調べることは可能だが，しかし，ベトナムの社会学については，その言語的制約からほとんどわが国では紹介されていない。それでもグエン・クオン・ヴィンとチン・ズイ・ルオンの都市研究の一部については，まとまったものではないが筆者が紹介してきた。ドー・ティエン・キーンの社会階層論についても，言及した。

　本章は，1997年1月筆者たちがベトナムで会見した社会学者であるグエン・クオン・ヴィンの研究の一端について紹介し，ベトナム都市社会学についての知見を深めるよう貢献するものである。

95

第2部　貧困・都市の社会学的分析

1.　グエン・クオン・ヴィンの研究の全体像

グエン・クオン・ヴィン（Nguyễn Quang Vinh）は，1935年9月生まれ
で，2016年現在，満81歳。ハノイ出身で1962年にハノイ師範大学卒
業後，ベルギーのルーヴァン・カトリック大学に入学し，1981年に卒
業した。1982年から2000年までという長期に渡ってホーチミン市社
会科学院で調査研究を行ってきた。その間，社会学部長，副研究所長，
社会学と開発センター長を歴任した南部での指導的社会学者である。既
に大久保武によって彼についての紹介文がある。「今から6年ほど前に
なるが，私と同じ団塊世代の研究者仲間2人と同国をはじめて訪問す
る機会があった。ホーチミン市に社会科学院（Institute of Social Science in
Ho Chi Minh City）という国の研究機関がある。目的の一つは，そこの都
市社会学者から都市計画や都市・農村問題，コミュニティや都市の貧困
問題などの知見を得るためであった。それ以来，私は訪越する度にそこ
の老練の社会学者と会って，都市問題についての調査研究や都市貧困研
究について教えを請うている。彼は決して教条的でなく，社会主義国の
研究者であることを少しも感じさせないところがすごいし，私以上に現
代人であったりする。共通の問題意識で違和感なく話し合えることが，
私にとってはなによりもありがたい。」（大久保，2001，44-45）。

グエン・クオン・ヴィンは，現在中心部の閑静な住宅街に住んで老後
を過ごすとともに，2003年にホーチミン市社会科学院から名称変更と
なった南部社会科学院に協力してきており，ホーチミン市開発研究所の
科学評議会の委員などに就いている。比較的入手可能な論文としては，
Woman and Institutional Changes in a Developing Rural Area, 1996, およびド
イツ人研究者との共著の The Relationship between Civic and Governmental
Organization in Vietnam: Selected Findings, 2003, チン・ズイ・ルオン達
との共著の Urban Housing, 2000, ベトナム人研究者との共同執筆の An

Interdisciplinary Application of Social Sciences Research Methods to the Study of Urban Poverty, 2009 とフランス人研究者達との共著の Resettlement Issues of Informal Settlement Areas in Ho Chi Minh City: From Large-scale Programmes to Micro-projects, 2010 がある。

写真6-1　グエン・クオン・ヴィン家において

また英文の著書では，チン・ズイ・ルオンとの共著で Socio-Economic Impacts of "Doi Moi" on Urban Housing in Vietnam, 2001 があるものの，わが国で入手するのは困難である。

　もちろんベトナム語の論文は多数あり，2冊の単著を有している。『社会諸関係の活力を求めて——社会学研究の軌跡』Đi tìm sức sống các quan hệ xã hội (Ghi chép trên những dặm đường nghiên cứu xã hội học), 2009 と『ベトナムの民俗——郷里の精神』Hồn Quê Việt: như tôi thấy, 2010 である。

　ここでは『社会諸関係の活力を求めて——社会学研究の軌跡』のなかから，グエン・クオン・ヴィンの都市社会学的研究を示している二つの章を紹介することにしたい。

2.　『社会諸関係の活力を求めて——社会学研究の軌跡』

　本書は，以下の17章から構成されている。

序文
I. ベトナムの都市問題と都市化

第 2 部　貧困・都市の社会学的分析

1. 都市改造とジェントリフィケーションの社会学上の課題―最貧層の脆弱性の緩和―

2. Ma 街区における都市生活―ベトナム，ホーチミン市における「庶民住宅」のケーススタディ

3. 都市住宅における社会集団間の利害を調和させる方法

4. 都市における貧困を削減するための『介入』について

5. ホーチミン市，ツーティエム新都市地区の美的文化の創造と社会的諸要因についての居住地構造のバランス

6. メコンデルタの都市の本来的諸関係について

II. 農村の困難と変容，および農民の若返り

7. メコンデルタの農産物の生産力の改善について

8. メコンデルタの村落コミュニティの変化に関する社会学的観察

9. 情報と開発

10. 発展する農村部における社会制度の刷新と女性

11. メコンデルタの開発管理過程における国家の役割

III. 人と文化

12. 南西部の文化

13. 生活様式の変化からみたメコンデルタの家族計画

14. 家族の維持に際して婚姻に先行する「同棲」という用語について（その最初の兆候）

15. 大学と現代の製造環境の関係について

16. 広大な空に見合う翼を（または社会学教育の質）

17. 未来の社会学者のための社会的感性の鍛錬と挑戦

　序文で，本書は過去 20 年の論文集であり，急速に変化するベトナム，特に南部の社会現象と社会過程を社会学的に観察し，調査し，分析したものであると述べ，著者がその学問的生涯の最良の歳月を捧げた南部社

会科学院（以前の南部サステイナブル研究院）設立35周年に貢献するものであると記している。実際，本書の最古の章は1989年で，最新の章は2008年に発表したものである。都市社会学の章については，ベトナムの都市問題と都市化について検討したものであり，著者とそのグループの社会学的調査に基づいて，都市の刷新と改造に伴う社会問題や都市住宅問題を分析し，解釈したと指摘する。

　筆者が，取り上げる章は，「都市における貧困を削減するための『介入』について」（2001年）と「ホーチミン市，ツーティエム新都市地区の美的文化の創造と社会的諸要因についての居住地構造のバランス」（2008年）である。というのは，第1に，Ma（幽霊）街区のケースは，筆者が既に紹介している反面，1990年代後半の都市と農村の状況については，グエン・クオン・ヴィンから簡単にヒアリング・メモとして発表しているものの，彼の都市研究を必ずしも十分紹介しているわけではないからである（橋本，2006: 118-122，橋本，2010: 192-193，橋本，2012: 93-94）。第2に，ツーティエム新都市地区については大久保武によって言及があるものの，その開発計画の内容は明らかではないためである（大久保，2008: 126）。

3.　都市における貧困を削減するための「介入」について

　グエン・クオン・ヴィンによれば，貧困を削減するための『介入』は，その実行状況をどの程度監督しているのかと関わっているという。ホーチミン市においては，国や国以外の制度だけでなく，コミュニティの工夫が見られるのである。「介入」は貧困と闘うために，自己認識の過程で再活性化される貧困層のコミュニティの構造的力を含む，非政府組織（NGO），集団，支援者の活動を奨励し，結合する，そのような行為の諸力のことと理解できるという。コミュニティにおいて，貧困を再

第2部　貧困・都市の社会学的分析

生産するメカニズムを停止させ廃棄するために，貧困層自身が主体的に組織化できるよう提供するのが「介入」なのである (Nguyễn Quang Vinh, 2009: 80)。もしこう理解するならば，介入とは，生存を守るために闘うコミュニティの力なのである。だから介入は，受動的に立ち止まっているコミュニティを闘争に引き出すことである。

　ホーチミン市は，1992年に「貧困緩和計画」を策定して以来，貧困と闘い，様々な介入の形態を創出するために奮闘してきた。この過程で生じてきた主要な役割は，執拗に存在している「貧困を創出する」要因を排除するため，コミュニティの貧困層と非貧困層を結合させることにある。

　グエン・クオン・ヴィンによれば，都市における貧困を削減するプロセスに民衆が直接的に関わることはコミュニティ・ディベロップメントの一つであるという (Nguyễn Quang Vinh, 2009: 81)。ホーチミン市には，脆弱な民衆（ないしは家族）がしばしば都市の障害となり，貧困化し，貧困層の増加さえもたらす神経を尖らすような場所があった。つまり，そこは第1に都市生活の最小限のニーズを満たすための満足な経済的な安定が欠如しており，第2はフォーマルないしはインフォーマル・セクターの労働市場に照応した十分な生産，都市サービス，移動のノウハウが無く，第3に深刻な環境汚染の中で生活する一方，空間的にも安全上も居住最低限が欠如していた。第4は教育と保健医療という人的資源の開発と福祉のための基礎的社会サービスに接近出来ず，第5として電気，清潔な飲料水，ゴミ収集，都市下水道などの都市サービスに容易に接近出来なかった……

　だからもはや現金収入の改善の問題だけでは十分ではなく，副次的に配慮すべきことがますます認知されるようになっている。貧困も，貧しいコミュニティの基準さえも，より広範な水準が必要である。言い換えると，人々はただ貧しいことが貧困であると考えるのでは十分ではな

く，間違っており，貧困との闘うための介入は，より一層の経費節約型の都会的なサービスを発展させることであると認識されるようになっている。

1番目と2番目と4番目は，教育と保健医療，個人と世帯所得の改善に見合う職業訓練に対する接近を改善するための領域で，しばしば相互作用があり，密接に絡み合っている。第3と第5は，実際には住宅環境分野の相互作用であって，しばしば接合していると指摘する。

グエン・クオン・ヴィンによれば，利用される介入のアプローチは，多くの貧困削減プログラムと，貧民コミュニティにおける若干のNGOの活動として証明されているものである。下位の行政レベルでは受け入れられていなかったり，明確ではなく，経験主義に頼って来たにもかかわらず，ホーチミン市の貧困削減プログラムの運営委員会では，年次作業計画として，セルフ・ヘルプ・アプローチ，コミュニティ参加志向アプローチといった斬新的なアプローチが採用されてきた。具体的には以下の6つのアプローチがある。

(1)世帯，世帯の集合，コミュニティによるセルフ・ヘルプ・アプローチ：このアプローチは援助を待つのではなくて，相互に援助し合うことで，後退を避け，自己意識の高揚を促進するもので，参加型アプローチに近いものである。というのは一世帯やまとまった数の世帯が，彼らの実際的ニーズや介入の優先性を自己認識するものであるからである。国家の公的レベルでの資本援助で計算すると，セルフ・ヘルプ・アプローチは，ホーチミン市では200に達する自主管理団体（計3,000の貧困世帯）が，明確に生じていた[1]。

(2)コミュニティ志向アプローチ：このアプローチの一つは介入の手段を創出するために貧困層と富裕層をコミュニティで結びつける方法であり，典型的には貧困世帯に就労させるため，製造業を始めるよう，富める世帯に資本投資することである。「いわゆる豊かになれる者から豊か

第2部　貧困・都市の社会学的分析

になる」という「先富論」と響きあった方法と言える。もう一つは貧困層や貧困地区を減少させるための計画を策定し，貧困層を減少させ続ける方法がある。

(3)参加型アプローチ：このアプローチは貧困世帯を確認することから，貧困コミュニティの諸問題と優先すべき課題を確認する方法である。

(4)統合型アプローチ：「資金不足」か「資本援助」かという，限定された型にはまった物語を克服することを示すものであり，都市の貧困層の多様性と介入対策の複雑性を超越し，真実に近づく見方へと途を開くものである。

(5)伝授アプローチ：ベトナム的な「魚釣りよりも釣り竿（あるいは釣り竿の使用法を教えること）を提供する」という哲学的な意味の創造である。国家が計画し補助するのを永遠に維持する（Providing state）よりも伝授する国家であるべきだということである (Enabling state)。その含意は，貧困の削減のために，貧困層は財貨の提供者として国家に期待する傾向がある。しかし，それは適切な方法ではない。貧困層が彼ら自身で自らの生活を発展させ，収入を増やすために有用な条件を提供すべきであるということである[2]。

(6)物的資本と社会関係資本（ソーシャル・キャピタル）を結合するアプローチ：このアプローチでは財源（信用）を他の物的資本と結びつけることにあり，それは社会関係資本に劣らず強力な資源となる。社会関係資本は，まずもってネットワークを有するコミュニティの成員間の結びつきから形成される。コミュニティ内の複合的なネットワークは「絆」(bonding capital) であり，コミュニティの「社会統合」の条件を創り出す基礎となるものである。他方，コミュニティ内と外部の制度を結合するネットワークは，「架橋資本」であり，コミュニティの社会結合の創造的基盤である。

6章　ベトナム都市社会学の一端

このセルフ・ヘルプ・アプローチについては，ホーチミン市の介入活動において明白な方向性を有しているものの，この物的資本と社会関係資本を結合するアプローチの方は，実行されていないと指摘している (Nguyễn Quang Vinh, 2009: 86)。

グエン・クオン・ヴィンによれば，特に介入の普遍的法則，およびコミュニティ・ディベロップメントの活動や，社会開発を共有し適用する際に，文化相対主義は克服出来ない障壁ではないと指摘する。ベトナムの都心のコミュニティとサブカルチャーは，他大陸と比較するとまったく特殊な様相を示しており，ベトナムの都市での貧困の削減への介入は，国の様相に新たな革新をもたらすであろうと結論づけた (Nguyễn Quang Vinh, 2009: 87)。

4.　都市における貧困を削減するための「介入」をめぐって

グエン・クオン・ヴィンのこの研究が，発表されて15年が経過した。その間，全国の貧困率は2002年の28.9％から2004年には23.2％へと減少し，2012年には11.1％まで低下した。1993年には58.1％もの高さであったので，激減したわけである。一方，都市部では1993年の場合25.1％であったものの，2002年には6.1％へ激減し，2004年には一端13.7％まで上昇し，2012年には4.3％になっている[3]。ではこの貧困率の低下は何よってもたらされたのか。それは基本的に経済成長の効果である。1993年から98年のGDPは年率6.9％の成長であったが，貧困率は年率9.0％の減少であったので，明白である。実際ダナン市では1993年から2002年の成長率は6％弱であったのに対して，貧困率は年率30％も減少した。しかし，北部のラオカイのように成長率は2.0％近かったにもかかわらず，貧困率がわずかしか減らなかったところもある (Vietnam Development Information Center, 2004: 56-57)。

103

第2部　貧困・都市の社会学的分析

　概して公共投資が高い省では貧困率も低い傾向が見出されたものの，明白な相関関係は示していない。農村部に限定してであるが，貧困の減少に効果がある投資は道路であり，次は教育，農業研究，灌漑という順番であった。10億ドンの投資に対して，それぞれ270人，47人，27人，11人が貧困から免れたという研究結果がある (Vietnam Development Information Center, 2004: 74, 82)。

　コミュニティ志向アプローチに相当するスモールビジネスについては，あくまでメコンデルタの農村部に限定してであるが，貧困層以外では既に安定した生産活動を有していたので利益が乏しく，貧困層にとっては実現性が乏しいものであった。もとよりいかなる「介入」が効果的かを測定するかは簡単ではないが，社会関係資本（ソーシャル・キャピタル）の有効性が指摘されている。ヴァン・ゴック・ランとチャン・ダン・タムによれば，地位達成に際して，社会関係資本（ソーシャル・キャピタル）と人的資本は密接に関連しており，社会的ネットワークから動員された社会関係資本（ソーシャル・キャピタル）は，都市住民の生活水準の上昇と地位達成に際して重要な役割を担っていると結論づけている。貧困層では富裕層よりも社会的ネットワークが小さくかつ脆弱なため，富裕層の方が生活水準や社会的立場の改善に際して援助を受けやすいということである (Văn Ngọc Lan and Trân Đan Tâm, 2009: 321)。要するに社会関係資本（ソーシャル・キャピタル）といえば聞こえがよいが，富裕層は強い縁故関係と情報を有するということである。こうしてみると物的資本と社会関係資本（ソーシャル・キャピタル）を結合するアプローチの方向は，貧困層の社会関係資本（ソーシャル・キャピタル）を強化する方向であるのか，公正な社会的ネットワークの構築を目指すのかという難問に遭遇するのである。ただし縁故関係の解消など後者は不可能な課題ではない。

　いずれにせよ主として経済成長の結果として，貧困層が減少して来た

104

ことは確かである。

5. ホーチミン市，ツーティエム新都市地区の美的文化を創出する社会的諸要因についての居住地構造のバランス

　本章の書き出しは，以下のとおりである。そこはピンク色のレンガが地面にただ置かれただけの場所であった。だがこのツーティエム新都市地区[4]でコミュニティが創造され作働するのか，それは不明瞭ではないか。いやそんなことはない。土地利用計画や，建築，建造物に加えて，チャンスへの感性と時代の「構築力」を，我々に要請する……そして直ちに都市部の「社会計画」——多くの期待が委ねられ，独自のアイデアを持つ——を形成しなくてはならない (Nguyễn Quang Vinh, 2009: 88)。その存立のためには，新都市地域の出現へと導く正当な哲学的立場の確立を要請する。とはいえ，都市の物的要素と社会的要素が相互に補完し合う形で，高い経済効率の空間と社会的人口構成が，相対的に釣り合っていること，サイゴンに流れる文化的価値がそこに生きていなければならないのである。一方で，ホーチミン市の内的な新たな開発需要から生ずる問題と，他方での先行する多くの国々が十分把握出来なかったような，罠にはまることがないよう，故意に突き放してみる必要があると，グエン・クオン・ヴィンはみなすのである。

　そこから，きわめて多くの達成と致命的な欠陥を伴ったアジアの新都市地区の建設に伴う悪化の背景を考慮した時にのみ，ツーティエムの開発問題を理解できるのである。その悪化する力は，きわめて緻密な協調を伴う新自由主義の影響の下，簡単には抵抗しがたい世界資本主義の輸送網を含む，グローバルな経済過程の激烈な進行の下で生じている。

　認めようが認めまいがグローバル資本のフローは，アジアの新都市地区の建設を支配しており，ツーティエムも例外ではない。この法則の本

第 2 部　貧困・都市の社会学的分析

質は，相互に絡み合ったその力が相互作用するグローバリゼーションと
都市化にある。グローバル資本主義の循環は，次第に今日のグローバル
規模の意思決定に必要な国内外の都市のネットワークを創造するために
新しい建造環境を必要とする，と指摘する (Nguyễn Quang Vinh, 2009: 90)。

　このグエン・クオン・ヴィンの指摘は，かつて筆者が，老朽化したビ
ルは，巨大な商業フロアやケーブル・ネットワークのためのスペースを
確保するのに十分ではないため，情報・電気通信システムを持続的に向
上させていくことが必然となる。グローバリゼーションは，中枢管理機
能の更新，生産（管理）の建造環境の更新を必要とする，と提起したこ
とと呼応する (橋本，1996: 185; 橋本，2011: 10)。

　続けて，彼は新自由主義の下で開発された新都市地区は，しばしば公
的所有の廃止と，計画と行政の民営化，多国籍建設企業体を積極的に利
用する傾向があると指摘する。

　新都市制度の仕切られた空間的特徴は，特権的な集団だけが，アクセ
ス可能なため，居住地の人口構造に巨大な影響を持つ。「仕切られた空
間」は，多数の居住者から分離された少数の居住者の存在の表現であ
って，その仕切りは，一般に所得グループによって，あるいは人種，民
族，宗教と結びついている。アジアの科学的調査では，多くの新都市地
区は隔離された居住地として建造され，壁に囲まれ，鍵で遮断されたコ
ミュニティを創出するものである (Nguyễn Quang Vinh, 2009: 91)。この指
摘は，吉原直樹が強調する「ゲーテッドコミュニティ」そのものである
(吉原，2007: 21; 吉原，2011: 150)。

　富裕層の「自発的に分離した空間」としてのコミュニティは，超豪華
な新しい都市部と近隣の下層地区のコミュニティという際立った貧富の
差としての社会的二元論の状況を際立たせてきた。空間格差を創出する
傾向には着目すべきで，新都市地区の建造物の要件は，しばしば海外の
都市計画や不動産の専門家が設計したもので，地元の特徴をほとんど理

106

解せず，アメリカの都市部のような新都市地区の物的デザインを模倣すべきだ見なすものである。それはニュータウンと都市のその他の地区との間で，相対立する文化と社会を創出する，と厳しく論難する (Nguyễn Quang Vinh, 2009: 91)。

　新都市地区の建設という主題は，まずもって明確なもので，まったく進歩的なものであったにもかかわらず，新都市地区で相対的に「バランスがとれた」居住地構造を構築しようとするアジアの試みの多くは，無謀な挑戦であった。ツーティエム新都市地区では，相対的にバランスがとれた豊かな生活を営める居住地構造を得るための強力で包括的な解決策のためには，持続的な政治的意志が不可欠であるという。

　かつて民衆の生活を改善する必要があると語られたプロジェクトは，現実には国家的に計画されたただ多重化されたものに，ただ押し込んだのに過ぎない。しかし，民衆の権利を無視したわけではない。

　多くの科学者や企業家達は，ツーティエムの人口構造のなかに，いかに省都の低所得層と居住者を含められるかという問題を提起する。また貧困層向けの住居を将来建てるべきであるという意見や，多くの住居が建設されるならば，新たに販売される一定部分は（高額であっても）地域住民に割り当てられるべきだという意見を紹介する (Nguyễn Quang Vinh, 2009: 95)。

　アジアでは，新都市地域の建設は既存の都市問題を激化させることになったという。具体的には，住宅不足，都市の貧困，失業，生態系の危機，公共空間の減少など長期に及ぶもので，これらは新都市の奢侈および威信と，既存の都市間で直接的に生じている社会的分極化であったと指摘した。そして，ベトナムにおける新都市地区への定住過程は，全体として市場では自己調整しえないものである。国家は，物財的計画によっても社会計画においても，各種政策においても，新都市の人口構造を多様化するために，人材を誘導する政策や信用政策で多様な建設投

第2部　貧困・都市の社会学的分析

写真6-2　ツーティエム新都市地区

資を奨励することで，若干のアジアの国々での軌跡をなぞる危機に陥らないような積極的な影響をもたらせることが可能であるという (Nguyễn Quang Vinh, 2009: 96)。

　新都市地区は，旧都心部に対する機能と距離によって四つに分類される。第1は既存の都市から離れて建設され，新たな成長地域として割り当てられたタイプである。建設の基本目的は，人口の波動を再方向づけることにある。新しい首都の建設などの政治的要求に対応するものであったり，原料や潜在するエネルギー，観光開発などの経済的文化発展といった多様なイニシアチブに依存したものである。第2のタイプは，きわめて集積した大都市を分散させるという戦略的位置の表現である。この新都心はしばしば大都市から60～100キロの距離に構築される。「母都市」が文化的行政的にも機能的統制を図るものである。第3のタイプは，人口圧力を減少するために，しばしばアジア・アフリカに見られるような「衛星都市」を建設するものである。第4のタイプが，ツーティエムに関わるものである。世界都市のネットワークにおいて新都市地区は，並行都市またはツイン・シティと称されるものであり，ハノイにもサイゴン・サウス[5]にも該当するものがあると指摘されている (Nguyễn Quang Vinh, 2009: 98)。ツイン・シティは，大都市の近くに立地し，そこと密接な相互関係を確立するものであり，国際的なビジネス・サービス活動を焦点として，既存都市と共生関係を展開してきたことが重要であるという。

108

ツーティエム新都市地区が，空間編成上有力な点は，都市の経済構造上の転換をもたらすのに十分な経済力を創り出そうとする意欲にある。ホーチミン市と衛星都市は，グローバリゼーション時代の国際分業と深く関わるものである。ツーティエムの都市居住者は，機械の所有と操作という点で，既存都市の居住者とともに従事しえる人で，経済的に，金銭および精神文化的に，まさに近代的であるとともに，洗練された構造と質的水準が必要である。ツーティエムの集団生活の管理の一義的優先性は，ビジネスマン，技術者，文化活動家などを招けば，努力することなく，その魅力を最大限に創出するはずであり，居住者とその作用という点で多様なタイプや構造を提供するはずである (Nguyễn Quang Vinh, 2009: 98-99)。

ツーティエムは，農業・漁業地帯から脱工業化の都市地域へのアップグレードである。そこでは別の空間編成へ，様々な人口構造へと向って行く。ツーティエムは，都市の残った部分から孤立した，閉じたコミュニティ，生活水準と社会的立場が「最高の」住民であるべきではない。既存都市と調和した，開かれた，社会的バランスとアイデンティティを有する，近代的なツイン，共生的な都市コミュニティを建設するべきだと提案する。これは一方で既存の生活地の社会的論理を把握するとともに，他方で市場統制力にまったく自由に委ねるのではなくて，新都市居住地の大波に参加して適切な管理決定をすることを意味するという。

しかし，既存都市と調和するということが，ビジネスマン，技術者，文化活動家などを招くということに結びつくのであろうか，筆者にはそれでもそれはジェントリフィケーションであると見なすのである。

アジアの新居住地とフーミンフンの都市地区モデルの調査と類推から，ツーティエムへの居住者は，二つのカテゴリーから構成されるという。(1)すぐに居住するであろう既存の都市部を含めた内外の事業家と専門家達，および(2)ビジネスに関わらない住宅を求める人々である。いず

第2部　貧困・都市の社会学的分析

写真6-3　フーミンフン新都市地区

れも医療，教育，環境などの高度な社会サービスとセキュリティを要請して居住する (Nguyễn Quang Vinh, 2009: 100)。

ツーティエムとフーミンフンに関するグエン・クオン・ヴィンの仮説は，二つの緊密な人口流動であるということである。フーミンフンが，ビジネスに関わらない人々を多くを受け入れた一方，ツーティエムは，居住と業務において（少なくとも10年間では）上記(1)の流入者であるということである。ホーチミン市は密集地が多く，新しい区やフーミンフンのようなニュータウンに，徐々にまたは世帯分離して移動を推し進めるイニシアチブがある。新都市地区は，人口流動を惹起する重要な吸引力をもたらし，仕事と居住の質を改善する。予想では，ツーティエムは，市内から新しい仕事の発掘と結びついて，定住する家族を魅き出すものである。しかし，そこで生活する都市世帯は，フーミンフンのような居住を改善する目的だけで移住するかは，はっきりしていない。

ビジネスマンや知識人にとって，ツーティエムの最大の障害は，高額な住宅価格にある。また事業施設を移転することに関心があったとしても，お得意様を失うことを恐れている。フーミンフンでは，チョロンからのその移転を予想していたものの，2006年までに移転した1万人の中には，一世帯もその移転者は存在しなかった。それに比べると若干の中国人が，事業の再配置と新しい住まいとしてツーティエムを検討しており，新しい傾向の兆候であると指摘する (Nguyễn Quang Vinh, 2009: 102)。

不便な「坊」6)にいた5人の居住者が，新都市地区に代替地を割り当
てられたものの，しかしツーティエム・コミュニティの社会的均衡を図
るためには，新居住地に若干の元々の住民を例えわずかでも含めるべき
であると，グエン・クオン・ヴィン達の研究チームは提言する。またツ
ーティエム伝統記念館を設置すべきであるという民衆の意見を紹介す
る。

　グエン・クオン・ヴィン達の提案は，2区の人民委員会と共同して5
坊計600人の成人と若者を，ツーティエムの新たな需要を満たす仕事
に従事させること，および都市の様々な学校で専門的な文化能力とサー
ビスを訓練する組織を計画すべきであるという点にある。彼らには，新
都市地区で適切な価格の住居を借家または購入することが可能にすべ
きであり，ある者は2区からシャトルバスなどで通勤し，販売サービス
業，ガードマン，水上タクシー，観光を促進する場所である記念館のツ
アーガイド……として従事するようにすべきであるというものである。
もしこの計画が完全に実行された場合，ツーティエム都市コミュニティ
に，新しい帰属感を伴って戻る旧住民の割合は約5％に達すると推測さ
れた。それによってツーティエム新都市の社会的平等性が有する文化的
意義は，多くの他のアジア地域と比較して，ユニークなやり方で拡大す
るであろう，と指摘した（Nguyễn Quang Vinh, 2009: 103）。

　また一定の局面においては，ツーティエムの新しい都市住民集団の閉
鎖性が容易に生じる機会を減少させるだけでなく，ツーティエム新都市
地区が相対的に発展して，そこと既存都市の間では，日々50万人の人
が頻繁に交流するならば，サイゴンの両側の文化的共生の統一性が拡大
する。したがって，これを促進するためには，次の2点が重要であると
グエン・クオン・ヴィン達は構想する。

　第1は，両岸の間で一日当たり50万人のコミュニケーションの機会
を創造し，ツーティエム地区の高度な大量の交流活動を組織し管理しな

ければならない。第2は，ツーティエムそれ自体の文化生活の質がその四方の人々を魅了するキー要素であり，ユニークな文化的美しさを持たねばならないのである。この点でツーティエムの近代的文化のなかに「キープレイヤー」が存在する。

すなわち，ツーティエム地区の企業活動を形成する高度な近代的企業文化の質は，親密かつ着実で魅力的である。また厳格な都市的秩序と規律が人々へ開かれており尊敬を引きだすだろう。

これこそ両側の文化交流の基盤であり，ツーティエムと既存のサイゴンとの共生がスムーズかつ高率で生じる要因でもあり，恒常的に拡大し進化するホーチミン市の新しい文化的属性の鍛錬に寄与するはずだと最終的に提起した（Nguyễn Quang Vinh, 2009: 104）。

むすび

グエン・クオン・ヴィンが，ツーティエムの「閉鎖性」を避けるために既存のサイゴンとの共生を求める提案，2区からシャトルバスなどで通勤し，各種の販売サービス業に従事させるというのは，極めて現実性がある。それを通して高度な近代的企業文化の質を一定程度，従業員に定着させることは可能であろう。しかし，新都市地区で適切な価格の住居を借家または購入することを可能にすることが相応しいのであろうか。いわゆる「ジェントリフィケーション」した地区に，低価格住宅を造成したとしても，直ちに交流が進むとは考えにくい。セキュリティを考慮して，「ゲーテッドコミュニティ」化するからである。もし交流を進めるべきだという所論に立った場合，建物以外の別の仕掛けが必要になるといえるのである。

とはいえ積年に渡って，社会主義国の社会学者として，第一線の研究所でいわゆる「具体的な社会調査」に携わって来たグエン・クオン・ヴ

ィンならではの，ミルズの「社会学的想像力」(Nguyễn Quang Vinh, 2009: 287) に依拠した批判的な調査研究だけではなく，具体的な政策提案の姿勢は，わが国においても大いに学ぶべき姿勢であるといえるのである。

注
1) 本書には，このデータの詳細が示されていないが，グエン・クオン・ヴィン氏は2000年時点で一団体当たり15世帯程度であったと教示された。とりわけこれらのセルフ・ヘルプ・グループは国家からの援助を有効に受け入れ，また日常生活において率先して相互援助に取り組んでいたとのことであり，ご教示に対して記して謝意を表したい（2015年4月26日）。
2) グエン・クオン・ヴィンによれば，以前は国家は人々にたくさんの魚を与えていたものの，現在は人々に多くの魚を獲れるよう釣り竿を与えているとベトナムの諺を敷衍する。具体的には，良好な仕事を得，所得を増やす機会をもつ職業訓練に，貧困世帯のメンバーが参加するよう，援助することが一例だと教示する（2015年4月29日）。
3) 2004年に都市の貧困率が上昇しているのは，2002年の貧困線が農村部で112千ドン，都市部で146千ドンであったのに対して，2004年の新基準（2006年から2010年版）ではそれぞれ20万ドン，26万ドンに上昇したためである。因みに2012年基準では月収一人当たり農村部で53万ドン，都市部で66万ドン以下となっている。2012年の全国平均の一人当たり月収は，1,999.8千ドン（11,237円，2015年5月換算），農村部は1,579.4千ドン，都市部は2,989.1千ドンである (Vietnam Development Information Center, 2004: 9; General Statistics Office, 2006; 2014)。
4) ツーティエムについては，SASAKIおよびKHU ĐÔ THỊ MỚI THỦ THIÊM参照。
5) サイゴン・サウス・プロジェクトについては，以下参照（SOM）。なおフーミンフン地区はこのプロジェクトの一部であり，丹下健三が設計に関わっていた。
6) 坊（phường）とは，行政区 (Quận) の下位概念である。ハノイ市およびホーチミン市は中央直轄市であり，その下に2007年現在，ハノイ市では9の郡（都市部）と五つの県（農村部）を有している。坊と町村はその下位機構であり，中心部には128の坊，農村部には6の町と98の村を有している。ホーチミン市の場合は，19の区（郡）と五つの県からなり，259の坊と5町，58の村を有している。坊には，人民評議会と人民委員会と共産党坊委員会がある。

7章　ハノイ中心部と旧市街の地域社会学

はじめに

　ハノイ・ノイバイ空港から中心部まで距離にして45kmかかる。二つの空港ビルは，日本のODAで完成した。車で空港がある郊外から市街地へ向かう。田園風景とともに次第に工場群が増え，ヤマハの部品工場やキャノンの工場などを車窓から眺めることができる。それから紅河を渡って，ほどなくして喧騒に満ちたハノイの市街地に入っていくのである。

　筆者が初めてハノイ入りした1997年，当時の市の人口は255.6万人であった。それが2003年には300万人を超え，驚くべきことに2008年には635万人に達したのである。この人口規模はホーチミン市の695万人にほぼ匹敵する。だがそれは，人口の急増の結果ではない。2008年8月1日に主にハタイ省との町村合併がなされた結果である。それに伴って面積は921km2から3,349km2に拡大した。またこれは，"Ha Noi Construction Master Plan to 2030 with Vision to 2050" なるものと無関係ではない。この計画は，拡大した地域の30%に関して，紅河沿いに都市部を形成し，残り70%を緑の回廊にしようとするもので，将来1,200万人の巨大都市になるだろうと予測している。

　この世界で30位以内の巨大都市づくりが，国土の均衡ある発展からみて適切かどうかは検討されねばならないが，ハノイの空間的現実はどうなっているのであろうか。市場経済下で開発が進む郊外ではなくて，本章では業務機能が集積する中心部，特に歴史的に重要な地区である旧

第2部　貧困・都市の社会学的分析

市街の展開と現状について検討するとともに，その課題についても論及
したい[1]。

1. ハノイ市の概況

　ハノイの中心部について論じる前提としてハノイ市の概況について
みておこう。ハノイは漢字で河内と書くように中心部の東側を紅河が
流れ，北側に西湖がある。歴史的には，その前身はタンロン（昇龍）で
あり，1010年皇帝リ・タイトー（李太祖）が首都に定めている。さら
に1430年にはレ・ロイ（黎利）によってトンキン（東京）と名づけられ
たものの，16世紀には再度タンロンと命名されている。1802年はグエ
ン（阮）朝の下で，首都は中部のフエに移動した。公式にハノイという
名称が登場したのは1831年であり，最初は一つの省の名前として命名
されたものである。ハノイが首都になったのは，ベトナム民主共和国成
立に伴う1945年9月2日のことであった (Nguyễn Vinh Phúc 2004: 65, Thế
Giới Publisher 1995: 247)。

　ハノイ市は，南部のホーチミン市，カントー市，中部のダナン市，北
部のハイフォン市とともに中央直轄市であり，市内は合併前は9の都
市部（郡）と5つ（県）の郊外から成り立っていた。現在は，30の行政

写真7-1　ハノイ・タンロン城跡

区画がありそのうち12の
区画が都市部で，さらに
町に相当する市社なるも
のが1つ，郊外・農村部
（県）が17ある。都市部で
最も面積が広いのは紅河の
向こう側のロンビエン郡
で，2008年時点で人口が

116

表7-1　ハノイの産業別就業者数　(2015年，%)

	ハノイ市	全国	1999年 (全国)
全体	100.0	100.0	100.0
第一次産業	19.9	44.0	64.1
第二次産業	26.8	22.8	12.4
第三次産業	53.2	33.2	23.5

出所) Ministry of Planning and Investment & General Statistics Office, *Report on Labour Force Survey Vietnam* 2015.

　最も多いのはハノイ駅の西側に位置するドンダ郡（365.5千人）であったが2010年にはトゥリエム県が凌駕した（474.2千人，2012年）。また，2003年に成立した南部のホアンマイ郡も近年人口急増が顕著である。これらの人口増加は，自然増によってもたらされたわけではなく，主に社会増によって生じている。その要因は，2000年代前半のケースであるが第1位はより一層大きな住宅を求めて人々が移動するということであり（27.4%），特に中心地区からの移動が顕著であった（Gubry, Le Thi Huong, et al. 2010: 76）。

　また仕事の場所に近い所に居住するのも第2位の理由（14.5%）となっていた。実際，このことと関連があるかどうかは不明だが，非国家部門の工場従事者は，合併以前では，郊外のドンアイン県が多く，第2位はホアンマイ郡に集積していた（合併後は旧ハタイ省地域の集積が顕著であったが，2011年以後ロンビエン郡で急増している）。因みにドンアイン県には，冒頭述べたヤマハの部品工場やキャノンの工場が立地するタンロン工業団地がある。

　ハノイ市の産業構造（常住地）は，表7-1の通りである。ベトナムは農業国であると言われてきた。それは全国的には妥当である。しかし，急激に農業従事者は減少している。ハノイ市の場合は，特に第一次産業従事者の割合が低く，その分第三次産業従事者と第二次産業従事者の割合が高く，近年第三次産業従事者の割合が高まっている。

第2部　貧困・都市の社会学的分析

2.　ハノイ中心部（ホアンキエム郡）の空間的特性

1) ホアンキエム郡の位置

　さてハノイ中心部についてであるが，本章で取り上げるのは，かつてタンロン時代には城があり，現在ではホーチミン廟や大統領府，バーディン広場があるバーディン郡ではなくて，鉄道と紅河に挟まれたホアンキエム郡についてである。ホアンキエム郡は，その中心部にホアンキエム湖（還剣湖）があることから由来する。1406年，明はベトナムを占領した。明は，ベトナム古来の伝統的文化を捨て去ることを強制し，スカートを履いていた女性達は，ズボンを伴った中国風の衣服を着るよう命じられた[2]。レ・ロイは，1427年，明を破り，翌年国を独立させた。そのきっかけになったのが，故郷のラムソン村で授かった剣だといわれている。独立後，レ・ロイが湖で船に乗っていたところ一匹の亀が現れ，剣を取り去った。彼は，神様が剣を自分に授け，敵を破った後，取り戻したと考えたことから，ホアンキエム湖（還剣湖）と命名した（小倉 2004: 113-122，Hữu Ngọc 1998: 256, Nguyễn Vinh Phúc, 2004: 188）。

　ホアンキエム郡は，図7-1のホアンキエム湖より北側の旧市街と湖の真ん中より南側のフランス街からなり，西側はハノイ駅の入り口までに至っている。南端はティエンクアン湖より北側が該当する。旧市街の空間形態は，うねうねした古い村落の路地の形を取っているのに対して，1880年から1901年にかけて開発されたフランス街は幾何学模様となっている (Casault & Nguyễn Mạnh Thu et al. eds 2006: 56, 85)。

写真7-2　ホアンキエム湖

118

7章　ハノイ中心部と旧市街の地域社会学

2）人口と就業

　ホアンキエム郡の人口
については，表7-2に示し
てある。これをみれば明
白なように，ホアンキエ
ム郡の人口は2000年の17
万人から2008年の18万
人へと約1万人の漸増であ
る。2005年から2007年
の出生数は8,492人で死亡
者数は3,237人であったの
で，自然増は5,255人とな

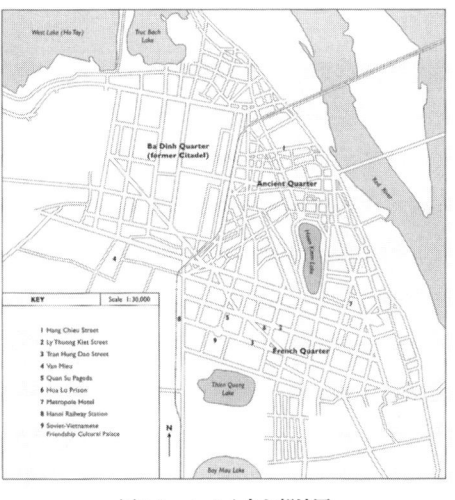

図7-1　ハノイ中心部地図
出所）W.S. Logan, Hanoi: *Biography of a City.*

る。2005年から2008年の人口増は3,000人であるから，単純にいえば，
2,000人強の社会減があったわけである。それでも人口減少に転じてい
ないので，人口の空洞化という段階には至っていない。しかし，集計方
法の変更後，既に2006年には人口減少に転じていたことが判明したの

表7-2　ホアンキエム郡の人口および工業，商業・サービス従事者

年	2000	2003	2004	2005	2006	2007	2008	2009
人口 (千人)								
ハノイ市 (a)	2,756.3	3,007.5	3,088.7	3,182.7	3,283.6	3,394.6	6,350	6,472
ホアンキエム郡 (b)	171.8	176.7	177.9	178.7	179.4	180.5	181.7	–
b/a(%)	6.2%	5.9%	5.8%	5.6%	5.5%	5.3%	2.9%	–
国家部門以外の工業従事者数 (外国直接投資を除く，人)								
ハノイ市 (a)	72,927	124,594	124098	137,566	157,615	158,777	416,939	42,8930
ホアンキエム郡 (b)	6,714	8,753	7,763	7,977	7,689	7,941	8,557	–
b/a(%)	9.2%	7.0%	6.3%	5.8%	4.9%	5.0%	2.1%	–
民間の商業，サービス従事者数 (人)								
ハノイ市 (a)	83,701	115,247	125,898	144,854	158,953	165,091	279,986	289,681
ホアンキエム郡 (b)	1,9467	1,9310	1,9930	24,392	24,213	24,615	26,467	25,927
b/a(%)	23.3%	16.8%	15.8%	16.8%	15.2%	14.9%	9.5%	9.0%

注）一部推計が含まれる。

資料）Hanoi Statistical Office, *Hanoi Statistical Yearbook 2006, 2007, 2008, 2009*, General Statistical
Office, *Statistical Yearbook of Vietnam 2010* による。

第2部 貧困・都市の社会学的分析

である[3]。

　従業地における就業状況は，中心部であることから予想されるように工業従事者よりも商業・サービス従事者が多い。それでも工業従事者は，この間一度減少し，その後　再度微増傾向を示している。民間の商業・サービス従事者は，2000年からピークの2008年にかけては7,000人増えていた。しかし，ハノイの他の地区に比べると従業者の比率が小さくなっている。

3）業務機能の集積と変容

　残念ながら業務機能の全容を示すデータは見つけられない。工場の状況は，工業従事者が微増であるのに対して，表7-3のように工業出荷額はかなり増加している（ただし物価上昇を考慮しなくてはならない）。それでも郊外の工場団地群を有するハノイ市全体と比べると，出荷額の割合の低下は著しく，工場数でははっきり減少している。1工場当たりの従業者数はかなり増加をみているものの，2008年時点で18.3人であり，中小企業が中心なのは間違いない。

　その分，商業・サービス施設数は，ハノイ市全体と比べるとその位

表7-3　ホアンキエム郡の工場と商業・サービス施設

年	2000	2003	2004	2005	2006	2007	2008	2009
国家部門以外の工業出荷額（10億ドン，外国直接投資を除く）								
ハノイ市 (a)	2,318	6,059	7,183	8,941	12,184	14,642	27,702	30,325
ホアンキエム郡 (b)	228	504	551	630	663	677	702	–
b/a (%)	9.8%	8.3%	7.7%	7.0%	5.4%	4.6%	2.5%	–
国家部門以外の工場設備数（外国直接投資を除く）								
ハノイ市 (a)	16,075	18,980	15,944	17,118	17,943	1,7190	99,867	103,947
ホアンキエム郡 (b)	769	739	679	798	685	501	467	466
b/a (%)	4.8%	3.9%	4.3%	4.7%	3.8%	2.9%	0.5%	0.4%
民間の商業，サービス施設数								
ハノイ市 (a)	62,948	76,936	79,438	88,422	96,002	102,715	177,730	183,027
ホアンキエム郡 (b)	11,941	10,991	11,110	11,488	11,830	12,059	12,923	13,072
b/a (%)	19.0%	14.3%	14.0%	13.0%	12.3%	11.7%	7.3%	7.1%

注）一部推計が含まれる。

出典）Hanoi Statistical Office, *Hanoi Statistical Yearbook 2006, 2007, 2008, 2009*, General Statistical Office, *Statistical Yearbook of Vietnam 2010* による。

120

置の低下が顕著だが，増加を示している。1事業所当たりの従業者数は
2000年時点で1.6人であったが2009年には2.0人に増加した。零細経
営が大部分の商業・サービス施設の状況ではあるものの，2002年には，
フランス街に位置するホアンキエム湖畔の至近距離に地上4階建てのシ
ョッピングモール，チャンテイエン・プラザが開店した。1階は化粧品
や宝石売り場，2階は衣料品，3階は家電製品，4階はスーパーマーケ
ットとなっていた。2011年8月現在改装中であったが，2014年には一
部開業中で2016年8月時点で全面開業している。ここはかつて国営デ
パートが立地していたので，はっきりと市場経済化，その意味でモダニ
ゼーションが進行したわけである。また筆者が最初に訪越した1997年
1月には存在していなかったオフィースビルのハノイタワーズが，ホア
ロー収容所とメリアホテルの近くのフランス街に建造され，そこの1階
にも1998年からスーパーマーケットが入店した。

　ホアンキエム郡の特徴として，ホテル群のかなりの立地がある。『地
球の歩き方　‘11~’12　ベトナム』上に，住所・電話番号が掲載されてい
る45のホテルのうち6割以上の28軒がホアンキエム郡であった。他方，
別のウエブサイトには50軒が掲載されているので，かなりの集積があ
ることがわかる (hotels84.com)。しかし，大久保武・吉原直樹両教授とと
もに1997年1月に泊まったパシフィック・ホテルはもはやない。淘汰
されたか移転したのであろう。当時は，ドイモイ（刷新）後のミニホテ
ルブームで，雨後の筍のようにミニホテルが立地したのだが，客室数が
多い本格的なホテルでも，その後淘汰され名称変更した所も目立ってい
る。

　フランス街の特徴は，文化施設と中枢管理機能の集積である。ホアン
キエム湖の東側には，フランス植民地時代以来の市の劇場（オペラハウ
ス）が立地しており，その周辺に革命博物館や歴史博物館などの文化施
設が取り囲んでいる。また湖の東側に沿ってハノイ市人民委員会（市役

所），中央郵便局，国際郵便局が並び，国立銀行やベトコム・バンク本店もこのゾーンである。みずほ銀行ハノイ支店やシティバンク・ハノイ支店もこの近くにある。湖の南側には，ベトナム航空のオフィースが立地し，フランス大使館を始めとした8つの大使館があり（日本大使館はここではない），UNDPを始めとする4つの国際機関も立地している。

このホアンキエム郡の特質として，かつて湖の周辺で，菅傘売りの娘やおばさん，靴磨きの少年などに多数出会ったことを挙げられる。しかし，現在ではめっきり出会わなくなっている。ハノイでは，2008年よりいくつかの場所で物売りの営業が禁止されたこともあるが，ハノイやその周辺の生活水準が，かなり向上していることが推測されるのである。

3. ハノイ旧市街の形成と現状

1）旧市街の形成

ホアンキエム湖のより北端より北側が，前述のように旧市街である。1990年代中頃の人口がおよそ7万人で，2009年現在66,660人であるので，人口は減少を見たものの大きく変わったわけではない。旧市街のなかには，2010年に新しく建て替わったハンザ市場と火事で消失後1996年に再建されたドンスアン市場がある。このハンザ市場 (Chợ Hàng Da) の Hàng は商品や店舗を指し Da は革を指す。これは旧市街の通りの名を指すが，革製品を売っていた通りの意味である。またハンドン通り (Hàng Đồng) という名もあるが，ここは銅品通りのことであり，五社通りで鋳造された銅製品がハンドン通りで売られていたのである（8章参照）。現在このハンが付く通りは，41あるが1ヶ所を除いてすべて旧市街にあたる。通称36通りと呼ばれている。

この36通りは，坊 (phường) と呼ばれる36のギルド（同業組合）があ

ったことから付けられたのである。
36通りは11世紀に登場し13世紀に
は61のギルドがあったものの36に減
少し，1464年に36通りと名づけられ
近郊農村から職人達が集まった。ここ
できわめて重要なことが浮かび上が
る。現在旧市街は，ハノイ駅とロンビ
エン橋を結ぶ線路の内側に位置してい
るが，元々はタンロン城の城下町であ
ったはずだということである。それは
19世紀の河内の古地図を見れば明白
であり，現在の地図であれば，ほぼ正
方形に囲まれた部分が城内であったと

写真7-3　ハンルオック通り

推測できるのである（図7-1参照）。城下町でなくては，36ものギルド
が凝集して発展しえなかったであろうからである[4]。

　しかし，フランス植民地下で，あろうことか1894年から96年にか
けて城郭が破壊され，トーリク川や多くの池は埋められた。他方，旧市
街の道は「直線化」され，インフラは改善された。1902年にはロンビ
エン橋とハノイ駅が完成し，鉄道線路が敷かれたことにより，旧城内と
の一体性は遮断されてしまったのである (Hữu Ngọc và Borton, 2005: 10-12,
Boudarel and Nguyen Van Ky, 2002 : xiv-xv, Nguyễn Vinh Phúc, 2004: 248)。

2）旧市街の現状

　旧市街の人口密度は，840人/ha（2009年）であり，この数字は人口
密度が最も高いドンダ郡の375人を大きく上回る（もちろん日本のどこ
の市区町村よりも高い）。いかに人々が密集して生活と営業を行っている
かが分かるであろう。

第2部　貧困・都市の社会学的分析

写真7-4　ハノイ市旧市街

　ベトナム社会学研究所長・ベトナム社会学会会長であったチン・ズイ・ルオンは，ドイモイ（刷新）後の1980年代後半から90年代前半について次のように指摘する。「一方で，市場改革は，商業活動の中心としてこの市街の復興を導いてきた。他方，富を増大させてきた新商人階級は，この市街で営業を続けることを望んでいるものの，この36通りの旧市街に立地する町家 (tube house) の不十分な生活条件を容認できない。新しい富を用いた不動産投資の増大と建築規制の自由化は，コンクリート製でアルミとガラスの近代的な当地風の建築様式を伴った新しい住居，店舗，ミニホテルの建設に拍車をかけてきた。これらの建築物は，伝統的住宅にとっての影となり低く曲線的な瓦の屋根によって印される伝統的な町並みに大きな影響を及ぼした。こうして，近年の貧富の差は通りに沿った新旧の家並みによってきわめて明確になっている」(Trinh Duy Luan, 1997: 180-181)。

　この地区は，住商工混在，すなわち小売業や問屋街だけではなくて，前述のように職人街でもある。例えば2000年代中頃，三つの工芸品通りのうち事業従事者の77.8%は販売商だったものの職人も22.2%おり，特にハンバック通りには宝石職人がいた。Lò Rèn（鍛冶屋）通りでは，鉄の折りたたみ式ドアをつくるなどの事業所があった。ハンザ通りでは，32%の店舗で革製品の製造に従事していた。その他，楽器の製作，溶接や墓石彫りなど多くの職人が作業に従事してきた。筆者も2002年だったはずだが，わざわざティエンクアン湖の南側から，旧市街で造った鍵かは定かではないとはいえ，スーツケース用の鍵を買いに行っ

124

た記憶がある (Hữu Ngọc và Borton 2005: 36,「地球の歩き方」編集室編 2004: 223, Cooperation between the Cities of Hanoi and Toulouse for the Safeguard of the Old Quarter 2010) [5]。

また旧市街は，ホテル街でもあり，先の『地球の歩き方 '11~'12 ベトナム』では9ヶ所，あるウェブサイトでは12ヶ所が記されている。ただし実態はこの数倍に達すると見積もられる。因みに旧市街には安いホテルが相当数あるものの，安いホテルには窓がなかったり，セキュリティに不安な所も少なくない。旧市街は，人口密度が高い上に，顧客，外国人を始めとした観光客も多数集中する。きわめて激しい喧騒状態である。

密集した生活のために，理念的には，コミュニティ (cộng đồng) における密住に伴う潜在的なコンフリクトを避けるため諸個人の要求を認め合い，人々は各家庭の買い物，料理，家事，育児といったちょっとしたことを絶えず援助し合うという。さらに結婚式，葬式，法事といった重要な出来事には，コミュニテイ精神を発揮する絶好の機会であると指摘されている（Hữu Ngọc và Borton 2005: 44)。このようないわゆる下町の人情が実際生きているかどうかは，直ちに判断はできないものの，ベトナムでは日本的な新中間層的プライバシーを避ける配慮とは異なって相対的にプライバシーは希薄で，人間関係が濃密なのは事実である。とりわけ，旧市街では壁を共有しているので，近隣関係には格別の配慮が必要になる。もしも，住宅を改造しようとしたならば，他の家の壁の破壊し，希薄であっても存在するプライバシーを侵害し，共同便所，台所，中庭の使用権に影響を及ぼし，近所の人々の安全性や権利を侵害することがある。非合法に住宅を建設・改造しようとするならば，近所の人々から支持を得ねばならないのである。市場経済によって百花繚乱のようにみえるほど，商売を競い合っている旧市街の家々であってもコミュニティは存在していると言えよう (Koh, 2006: 207) [6]。

4. むすびにかえて──ハノイ旧市街の課題──

　1999年,「ハノイ旧市街の建設, 保全, 再生の管理に関する当面の規制」が発せられた。そこではコンクリートの屋根をできるだけ禁止し, ベトナム風の傾斜屋根で瓦を使用すること, 外観については厳しく規制し, バルコニーや屋根の拡張を制限した。電線の地中化, 街灯のナトリウムランプやフィラメント灯に置き換える提案がなされていた (Hữu Ngọc và Borton 2005: 98)。しかし, 2007年現在写真7-4に見られるように, 電柱の地中化が進んでいるようには見えない。そもそも, 多数の電線が蜘蛛の巣のように走るベトナムで, その地中化は難航すると予想されるのである。また2010年11月には, 旧市街に新しい8階建てのコンクリートで建てられたホテルがオープンしている。旧市街の保全の困難さを伺えるものの, 市場経済原理とは異なる財政措置を基盤とした一層の景観形成の努力が求められている。

　ベトナムの都市の大問題の一つに, 道路交通問題がある。筆者は, 2004年次のようにその背景について指摘した。「第1は公共交通の欠如と不足であり, 第2は都市構造のあり方に起因する。第3はバイクの増加であって, 第4はバイクの運転スタイルの問題である。ベトナムには, 郊外鉄道も路面電車もない」。都市構造上の問題として, ハノイは,「東側に紅河が流れ, 北側には西湖があり, 北から南にその中央を線路が走る。そして, 中央部には36通りの旧市街が立地する」。旧市街の道路は, 狭く, 迷路で, 通行量も多く, 道路交通問題が深刻である (Hashimoto, 2004: 95-96; Hashimoto, 2016: 106-108)。それでも2010年, ホアンキエム湖とドンスアン市場を結ぶ, トラムカーと称する観光用の電気自動車が2010年から登場した。事態は当然改善していない。むしろ, バイクだけではなくてハノイが車社会に突入しつつあり, 一層深刻化し

つつあるということである。徐々に自動車が増加しているのである。ハノイでは2020年の完成を目指して6つの地下鉄計画があるといわれており，既にドンダ郡のカットリンからハドン（市社）への高架鉄道（2A号線）の着工が始まっている。ハノイ駅からトゥリエム県に向かう3号線の計画も具体化しつつある。だが旧市街に限定するならば，いかに通過交通を規制し減らすかにかかっているといえるのである。いわば市場経済原理では，旧市街の良好な都市空間形成には繋がらないことが判明するのである。

注

1) ハノイ郊外の変容の一端については別の機会に指摘したが，筆者のベトナムでの研究対象が必ずしも都市の空間構造に限定されないため，ここではデータの制約からハノイ中心部，特に旧市街を中心に論ずることにした。なおホーチミン市については大久保武論文がある（橋本・速水・高橋，2005，大久保，2008）。

2) ヒュー・ゴックによれば，1665年に女性のズボン着用禁止が宣言され，19世紀前半にズボンの強制的使用が復活したという (Hữu Ngọc, 1998: 256)。

3) ホアンキエム郡の人口は2009年まで減少が続いたものの2010年から増加に転じ，2014年時点で156.8千人である。なお，トゥリエム県は，2013年末南北に分割された。

4) この地区は，元々 Kẻ chợ（町，都市）と呼ばれ，城内と区別されていたものの，城の影響を受けざるを得なかったことは当然である (Logan, 2000: 37; 53)。

5) トゥールーズ市とハノイ市による旧市街の伝統工芸に関する研究では，44％の職人兼経営主が45歳以下であり，そこから推測すれば現在でも相当数の職人が製造に勤しんでいることは明白である (Cooperation between the Cities of Hanoi and Toulouse for the Safeguard of the Old Quarter 2010)。

6) phường（坊）は現在も行政区として位置づいており，ハンクアット通りにある「烈士記念館」は，1986年に地区人民委員会の所有物となり，2000年，「ハン・ガイ坊の人々が，約2億ドン（約139万円）の寄進をして，ハン・ガイ坊烈士記念館を建設した。」(ハノイ国家大学人文社会大学歴史学科・東京大学大学院アジア文化研究専攻）という事実からも「コミュニティ」は存在してきたと言えよう。元々ここはディン・ダオ・クワットと呼ばれており dinh（亭）は村の集会所を指している。

第 3 部

歴史社会学的分析

8章　ハノイ神光寺の漢越語

1.

　ハノイ（河内）のチュクバック湖（竹百湖）の近くに神光寺 (Chùa Thần Quang) という仏教寺院がある。その門柱に「国家有永山河固」という漢越語が書いてあった。この文章について，故藤田弘夫慶應義塾大学教授より質問を受けた。「何が書いてあるんですか」。それでこの意味について，何人かの方々に聞いてみた。中国系ベトナム人の知人によると「国がずっと栄える」という意味だという。また矢嶋道文関東学院大学教授によれば，「国家は永く有ち（たもち）山河は堅し」という意味だとご教示された。さらに中国人留学生の洪濤君によれば，これは漢詩であり，「国が統一しているならば，領土は分裂しない」という意味だと教えられた。三者の指摘には，共通するものがあるものの，藤田の関心は，国家という用語の概念的意味である。それは西欧的近代国家概念 (state) と同義かという点にあった。

　この指摘に筆者は答える余裕はない。むしろ「国家有永山河固」の歴史的背景に興味を覚えた。ベトナム語では，国家は quốc gia と nhà nước と両方が使われている。これについてホ・ホアン・ホア現越日研究交流協力センター長による

写真8-1　ハノイ・神光寺
Chùa Thần Quang　より

第3部　歴史社会学的分析

写真8-2　神光寺門柱

写真8-3　神光寺漢越語

と「国家というベトナム語はQuốc gia ですがNước nhà という意味は家の国です。つまりNước nhà はこの国には本人も存在がある」と，その深い意味を教えられた。nước は国という意味と水という意味がある。nước mắm はニュックマム（魚醤）であり，mắm は塩漬けの魚である。したがってnước mắm とは塩漬けの魚が入った水をさす。またnhà は家のことであり，例えばnhà xuất bản で出版社を指す。その後，quốc gia は南部の用語でnhà nước は北部の用語であることが判明した。

2.

　では「国家有永山河固」が，刻んである神光寺は，いつ建てられたのであろうか。神光寺はチュクバック湖の近くにあり，そこでまずチュクバック湖について述べておこう。チュクバック湖は，元来旧紅河の流路の一部にあたるタイ湖（西湖，526ha）の一部であった。17世紀にエンホア村とエンクアン村の村人が，魚の養殖のためにタイ湖の東南に堤防を造ったことで，湖が出来たのである。

　その後，18世紀前半の鄭杠時代(Trịnh Giang, 1729-1740) に情事用 (đề nghi) に竹林宮殿が湖岸に建設された。

132

8章　ハノイ神光寺の漢越語

　ここでようやく我々は，神光寺について言及できる段階に到達した。神光寺が，建立されたのは18世紀初頭である。そこは五社寺院とも呼ばれている。実際神光寺の裏側には，五社亭 (Đình Ngũ Xã) と称する神社兼集会所[1]がある。神光寺は五社通りに立地しており，その由来は以下のとおりである。五社通りには，長期間近隣のバクニン省やフンエン省の五つの村出身の鋳物師達が住んでいた。彼らの技術は代々受け継がれたものの，多くは衰退した。鋳物店は5人から

写真8-4　チュクバック湖

写真8-5　五社亭

7人で構成され，銅を溶かし鋳型を作る炉を設置するのに十分な広さの一部屋に住んでいた。たらいや痰壺のような日用品だけではなくて，燭台，香炉，壺，枝型吊灯（シャンデリア）といった祭儀用の品物が，ハンドン通り[2]で販売されていた。五社通りの工芸師は鐘や銅像の鋳造技術で評判が高かった。そのため，全国から注文が殺到した。

　かくして神光寺は，銅職人達の守護聖人であったグェン・ミン・コーン（Nguyễn Minh Không）僧正を奉るのである[3] (Hữu Ngọc, 2004: 1038)。

133

第 3 部　歴史社会学的分析

3

　さて神光寺が，どのような経過で建てられたかは，今後の研究課題とせざるを得ない。しかし，それが天下の極悪王と称された鄭杠王と関連があるかはともかく，鄭氏時代であることは明白である。というのは，王朝としては黎朝時代であり，前述のようにその初頭に建設されたと語られているからである。この時代は，北部の鄭氏と南部の阮氏という二つの国家に分裂した時代と見なされ，両者の抗争が頻発した時代であった（桃木・高田 1995: 74-75）。鄭氏支配下の北部では，地主や郷紳，役人達が勝手に土地を収用し，小規模農民は土地の取り上げに不安を覚えたのである。小倉貞男は，1718年の記録を紹介し，「国家は無力で，水利施設の建設，補修などの事業は行われなくなっている。ちょっとした天変異変で惨憺たる飢饉に見舞われることが多くなり，村人達は村から去って行く。わずかな食べ物を求めて村を出た農民たちが道路で大勢死んでいる。飢饉のときも国は相当無力だ」。さらに興味深いことに，腐敗した鄭氏の諸候達は，「遊興三昧で，寺や豪邸を建築し，国民には一層賦役を押し付けた」（小倉 2004: 178-179）と指摘した。

4.

　ここで二つのストーリーが浮かび上がる。小倉によれば，経済活動は，手工業，交易の発展によって，職人・商人が社会経済において有力な地位となって来ており，鄭氏の場合，こうした社会の変化に対応するのが遅れたという（小倉 2004: 181）。そこでより可能性の高い第1のストーリーについて考えたい。まず神光寺が，銅職人達の守護聖人を奉っており，五社寺院とも呼ばれていることに注目したい。つまりなんらかの形で，銅職人達が神光寺の建立と維持に関わっていると見なす観点で

ある。このストーリーの場合，職人達にとって安定した経済活動が行われるためには，国内の安定が焦眉の課題となる。彼らは鄭氏支配下の乱脈・政情不安，抗争と変動を苦々しく思っていたに違いない。そうだとすれば，「国家有永山河固」(国が統一しているならば，領土は分裂しない，ひいては国がずっと栄える）は，銅職人達の願望の表れと見なすことが可能である。「水田は皇帝に属し，寺は村に属する」ということわざがある（小倉 2004: 142）。したがって，神光寺の建立と維持に銅職人達が関わったと見なすのは，自然であろう。

次のストーリーとして鄭氏の諸候達が建立したと考えると，彼らの観点からの表現となる。ベトナムでは儒教と仏教と道教が相互に影響しあっており（三教同源），特に黎朝，鄭氏の時代には相互に積極的に影響を及ぼしあったのである (Minh Chi, Hà Văn Tấn, Nguyễn Tài Thư 1999: 162)。ここに「国家は永く有ってこそ，ずっと栄える」という自らの儒教的な威信を示したものという見方が可能となる（もちろん第3のストーリーとして，後世の時代に門柱に漢越語が刻まれた可能性もあるものの，あまり有力な推論を展開し難いと言える）。

5.

最後に，冒頭の漢越語の山河であるが，ベトナム語では Giang sơn である。Nước non と使う場合もあるようである。前者には，土地という意味と国という意味が含まれている。後者の nước non であるが，また国という意味がある。北部に限って言えば，「台風の時期にはハノイを流れる紅河（ソン・ホン）が，氾濫する。紅河との築堤の闘いも，ハノイを中心とする北の人々を刻苦勉励の蟻に鍛え上げる重要な要素であった」のであり，村落のみならず国王も領主も堤防の建設を重視したのである（皆川 1997: 146，小倉 2004: 98）。つまり国という意味に偶然水

135

第3部　歴史社会学的分析

と同音語の nước が使われているだけではなくて，河（水）を管理する家が国家 (nhà nước) であると見なすのは，読み込みすぎであろうか。ベトナムでは，河川を管理しえない国家は，鄭氏の時代のように，当然国土も荒廃する。もしこうした解釈が成り立つならば，ベトナム的な文脈において「国家有永山河固」とは，しっかりした国があってこそ山や河を管理できるので，国がずっと栄えるという意味を含んでいると見なすことも可能になる[4]。

注
1) 亭（Đình）とは，村の守り神を奉った神社兼集会所のことである。
2) 原文は，Copper 通りとなっているが，ハノイの旧市街，36通りにあるハンドン（銅品）通りのことと見なされる。
3) グェン・ミン・コーン（Nguyễn Minh Không, 1065~）は，伝説上青銅鋳造工芸の始祖であったと見なされている (Nguyễn Vinh Phúc 2004: 179)。
4) 初出稿執筆に際して，上記の方々をはじめ何人かの方々のご教示を得た。記して謝意を表したい。

136

9章　東遊運動から東京義塾へ

1.　ファン・チュウ・チン廟

　ホーチミン市にある，潘周槙廟には，「中学猛軻西学廬致向而表　昔越南革命政治之大家」と刻まれている[1]。

　1925年，14年ぶりにフランスから帰国したファン・チュウ・チン (Phan Châu Trinh, 潘周槙, 1872-1926) は，結核を悪化させ，1926年5月24日夕方，56歳で息を引き取った。彼の死は，ベトナム民衆に悲しみの淵に落とし込め，当時のサイゴンでの葬儀には1万6千人の民衆が参加した。葬儀は，憲政党の創設者，ブイ・クアン・チュウ (Bùi Quang Chiêu) や著名な弁護士，ファン・バン・チュオン (Phan Văn Trường)，東法時報 (Đông Pháp Thời Báo) の主筆，チャン・フイ・リュウ (Trần Huy Liệu) が取り仕切った。葬儀にはベトナム人のみならず，多くの中国人，フランス人，カンボジア人やチャム族が参加した。フエの葬儀は，ファン・ボイ・チャウ (Phan Bội Châu 潘佩珠）が委員長となり，「貴君は剣や銃ではなくその舌を持って権威を怖れさせ，太鼓や鉞のファンファーレではなく，ペンでもって民主主義の灯を照らし，終始不動の共和主義の道を歩み，生死に拘らず貴君の国の独立への叫びが我々

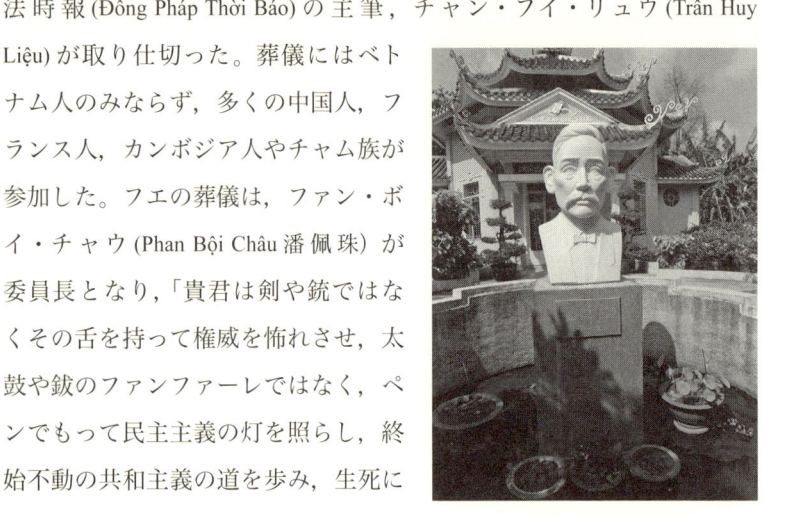

写真9-1　潘周槙廟

第3部　歴史社会学的分析

写真9-2　潘周槙廟

を捉えています」と讃辞を贈った。

　チンの死はその後2年間，国中にス
トの波を喚起した (Vinh Sinh, 2009: 37-
38; Hue-Tam Ho Tai, 1992: 157; Trần Văn
Giàu, 2013: 75)。

　本章は，ファン・チュウ・チンを中
心とする東京義塾の形成とそこで使
用された教科書の一つ『文明新学策』
(Văn minh tân học sách) を取り上げ，フ
ランス植民地下における20世紀初頭
のベトナム近代化運動という見地か
ら，越日国交回復40周年に寄与しようとしたものである。

2.　ファン・チュウ・チンとファン・ボイ・チャウ

1）ファン・チュウ・チン

　その逝去が闘争を喚起した改革派であるファン・チュウ・チンは，フ
ァン・ボイ・チャウと並ぶ，フランス植民地下20世紀ベトナムの独立
運動のリーダーの一人であった。チンは1900年に郷試に合格，翌年会
試に合格し，1903年に礼部承弁として役人になった。「新書」「新報」と
呼ばれる中国からの（ないしは中国経由での），人民の権利と自由を論
じ，西洋文明に記した著作，特に梁啓超と康有爲のそれがベトナム知識
人に多大な影響を及ぼしており，チンは1904年頃，梁啓超のそれに接
して自らの思想の進化に重要な影響を及ぼしたのである。

2）ファン・ボイ・チャウ

　他方，ファン・ボイ・チャウは，20歳で革命家となることを志し，

138

やがて極秘に勤王運動に関わるようになった。1900年にゲアン省の科挙の候補者リストに載り郷試に合格した一方，フランス支配への武力攻撃を通じて独立した政府の樹立を目指し，そのため外国からの援助を求めるために，誰かを海外に送り出そうとした。具体的には，ファンは，日本が黄色人種で唯一近代化を進めた国だとみなし，フランスからの独立運動の援助を明治政府に求めようとした。

3. 東遊運動

1）東遊運動について

明治38（1905）年5月末か6月神戸に上陸したファン・ボイ・チャウは，横浜に到着し，梁啓超（Lương Khải Siêu）を尋ねた。ファンの著書の一篇で梁啓超の「まえがき」が記された『ベトナム亡国史』（1905年）は，横浜で執筆されたものである。後に横浜で居住した2階建ての日本家屋は，丙午軒（ビンゴウヘン）と呼ばれ，東遊運動の拠点となり，日本人から日本語を学習するためのセンターとなった。1907年春には丙午軒は東京に移動し，秋には，10歳以下の子供3人を含む，100人以上の若者が到着した。既に丙午軒ではやはり100人以上が勉学に励んでいる状況であったので，若者たちは，目白の東亜同文書院に入学を許されたのであった。

カリキュラムは，午前中は日本文化と日本語に加えて，数学，地理，歴史，化学，物理，修身を学び，午後は軍事知識と軍事訓練であった。

2）ファン・チュウ・チン来日

1906年，ファン・チュウ・チンは日本に向かった。それは第1にファン・ボイ・チャウの日本に留学生を送る考えには賛同していたが，チャウの君主制的で，暴力是認で，外国の援助に頼る独立路線には賛同で

第3部　歴史社会学的分析

きなかったため，彼と話し合う必要があり，第2に「近代化した」日本を見てみたいという点にあった。

　ファン・ボイ・チャウはファン・チュウ・チンを伴って初夏，東京の学校や名所，政治教育の殿堂を視察した。この東京の学校のなかに慶應義塾大学が含まれていたかどうかは定かではないが，少なくともファン・チュウ・チン滞在中に，そこを訪れていたと考えるのは，後の東京義塾開塾という事実からして自然である。

4.　東遊運動から東京義塾へ

1）ベトナム近代化の追求

　チンの日本滞在の経験は，近代化は独立を考える前に必要なことであり，近代化なしのベトナムの独立は，強固な力を保持するためには脆弱である，という確信となった。帰国後，学校づくり，学会の創設，商業団体，農業団体の創設，商業協同化の推進，地域の内発的な発展を奨励して，例えばクアンナムではシナモンの木やお茶，さとうきびの植栽，各種の砂糖製品や織物の生産を鼓舞した。また自ら商会を設立し，シナモンの木の農園を所有した。科挙の無駄を指摘し，民衆の知性と国民の才能を育成する必要があったので，近代技術を強調した新しいカリキュラムで教える学校を開学しようと考えた。究極的には，国内生産物と産業を発展させることで生活水準を改善し，生活条件を向上することが目標であった。断髪を奨励し，短髪は勇気と近代化と反抗の象徴となった。理髪店は1907年までにクアンナムではよく繁盛した。

2）東京義塾開塾

　1907年3月，彼を中心に友人たちと東京義塾（Đông Kinh Nghĩa Thục）を開学した。絹織物商で中国学者のルオン・ヴァン・カン（梁公玕，

Lương Văn Can, 1854-1927）を
塾長に，塾監はグェン・クエ
ン（阮權，Nguyễn Quyền, 1869-
1941）であった。東京（トン
キン）とはハノイの旧称であ
り，同時に文字どおり東京を
も意味していた。義塾はもち
ろん慶應義塾をモデルにした
ものであった。

写真9-3　東京義塾広場

　学校は当初ハノイの旧市街のハンダオ通り4番地のルオン・ヴァン・
カンの家に設置され，後には拡大して10番地に移動した。学校には，
教育部門，振興部門（学校の影響を拡大するための部門），教材部門，財
政部門の四部門が設置された。また目的は民衆の啓蒙にあり，無料で初
等レベル，中等学校レベル，大学レベルの三段階の授業が実施された。
初等レベルでは，ローマ字での国語 (quốc ngữ) が教えられ，中等学校お
よび大学レベルでは，むしろ漢文や希望者にはフランス語が教えられ
た。

5. 『文明新学策』を読む

1) 福沢諭吉・梁啓超から『文明新学策』へ

　教科書の一つとしてファン・ボイ・チャウの『海外血書　初編・続
編』(1906年) が使用され，義塾の学生に愛読され，愛国主義が鼓舞さ
れた（川本，1966: 284; Nguyễn Tiến Lực, 2008: 89）。なかでも重要な文献
が『文明新学策』であった。『文明新学策』は，著者が不明で，発行年
も明白ではない。また原文は漢文であるが，国語への翻訳がなされてい
る[2]。

141

第3部　歴史社会学的分析

　書き出しは「謙虚にみて，偽りなく文明とは美しい用語ではあるまい
か。文明は，新しい学問をもたらし，幸福をもたらす。それは一朝一夕
で出来るものではない。それは，偉大な学説が持つ，素晴らしい利点か
ら導き出されるものである。学説とは何か。民衆の文化と知識を開くも
のである」で始まっている。

　続いて「地球上の国には，未開の国や，半ば文明化された国や，文明
国がある。民衆の文化と知識は，開放的か閉鎖的か，豊富なのか貧弱な
のか，進んでいるのか遅れているかということに比例する」という。原
文は，「地球之有国也若者為野蛮若者為半開若者為文明」である。

　これは，梁啓超が人類を三級に区分して，一は野蛮の人なり，二は半
開の人であり，三は文明の人である，世界の人類が文明の三段階，野蛮
—半開—文明の諸「階級」に分かれ「順序を踏んで上昇する」ことが
「世界人民公認」の「進化」の公理である，という指摘と照応する（梁，
1972, 8; 石川，1999: 111; 盧，2005: 160；川尻，2010: 142）。

　さらに淵源は　福沢諭吉の『文明論之概略』(初版，1875[明治8]年)
における「今，世界の文明を論ずるに，欧羅巴諸国並に亜米利加の合
衆国を以て最上の文明国と為し，土耳古（トルコ），支那，日本等，亜
細亜の諸国を以て半開と称し，阿非利加及び墺太利亜（オーストラリア）
等を目して野蛮の国といい，この名称を以て世界の通論となし」にまで
遡及可能なのである（福沢1995: 25）。あるいは『学問のすゝめ』(1880
[明治13]年）には「文明開化とて文字も武備も盛んにして富強なる国
あり，或いは蛮野未開とて文武とも不行届にして貧弱なる国あり」との
記述がある（福沢 1978a: 28）[3]。つまり福沢諭吉の影響が梁啓超経由で，
この『文明新学策』に現れていたのである。

2）ベトナムの閉塞点

　次に「文明と民衆の文化と知識は因果関係にある。だが民衆の文化と

142

知識を開くためには，閉塞されている所をはっきりさせる必要があり，その後発展が生じるのである」と指摘し，閉塞点をえぐり出す。

　「我が大南は大文明国である。そこは熱帯と温帯に属している。土地は肥沃で，気候は釣り合いがとれ，稲と蚕が豊富である。山海の利は，世界の他の国々を凌駕している。民衆は，困難なく生計を立てられる。歴代の王朝を通じて，聖君と賢相が，この国の一層の繁栄と威信，および強化を図ってきた。国境の内外で，文明国としての名声ははるかに拡大していた」。「だが今日ではどうであろうか。山林の大切な資源はもはやない。厖大な財貨から導き出された利益を保持することはできない」。各種の工業技術製品を中国か西欧から輸入しなければならないからである。

　そこからベトナムにおける農業，商業，工業の現状を問題にし，さらに「諸君が高官になろうと欲するならば，新書や新報を読むことを慎むべきことを理解すべきである。しかし，それらについて聞いたことがあるならば，それらを隠したり，聞いたことが無いかのように覆い隠すならば，何も知らないかのように，奴隷根性を養成し続けていられるならば，何たる人格で嘆かわしいことである」と官吏のあり方に言及する。

　反対に「わが国の文明が，絶えず静的である一方，西欧文明が躍動感に満ちているのは，羞恥の事実である」と述べ，ルソーの『民約論（社会契約論）』，スペンサーの『進化論』，モンテスキューの『人権講話』に言及する。ベトナムで学んでいる学問は，中国（北人）の書物であり，注釈を付けている教材は，古人の話である。「試験にでる素材は，古典の解釈であり，五言，四字句，六字句の詩である。それが教育において，我々を他国の人々から区別する材料である」。

　いわば古色蒼然としているという評価だが，「行政システムに関しては，変更したり修正することさえ，禁じられる。人材登用の際に，彼らの沈黙と服従を重視する」と，官僚制をも問題にする。

第3部　歴史社会学的分析

最終的に，根本的原因を以下のように剔出する。第1に，外部から到来するものを野蛮として中傷する一方，自己の実績を高く評価する傾向であり，第2に，属国の道を軽蔑しながら，堂々と「王」を貴ぶことに由来し，いかに他国が，富と権力に到達したかについて学ぼうと悩んだこともない点である。

第3は，新しいものはすべてが間違っており，古いものはすべてが正しく善いものであるという思考習慣で，第4が，官尊民卑の態度が生じており，我が村々に広がる現実の状況に決して関心を払わない点である。

3）民衆の文化と知識を開発する方法（文明新学策）

ここから「今日，くまなく探した後，幾千の困難の中で，民衆の文化と知識を開発する可能性について徹底的に考えた後，我々は唯六つの方法を明確化できた」と，改善策（文明新学策）を提起する。具体的には1．国語の使用，2．書籍の校定，3．試験システム（科挙）の改定，4．才能を鼓舞すること，5．工芸の発展，6．新聞の発行である。

1．国語の使用では，ポルトガル人の宣教師達が，国語 (quốc ngữ) という文字を発明した。「それは，学ぶことを極めて容易かつ高速にした。我々は，それを採用すべきである。国民が学校に行くとき，数ヶ月の内に，彼らが読み書きできるように，最初国語を学ぶ必要がある。我々は，過去の出来事を記録し，現在起きていることを記すため，国語を使用する必要がある。我々は巧みに我々の考えを伝達できるように，手紙などでそれを使用して良いのである。それが我々の知性を開発するという我々の第1の使命であると提起する。

2．書籍の校定では，どんな本が読まれ，あるいは読まれないかを決定するために，出版社を設立するべきある，と指摘する。「『孝経』，『忠経』『小学』などの注釈集，東西の古典的思想家の嘉言や慈行について

144

の書籍，人心や世道に有用なものが出版されるべきで，すべてこれらには大要が示されていて，国語に訳され，一巻にまとめ上げられるべきである。その本は，初等クラスの読み物として使用されるべきである」と提起する。また古典は原文が保持されるべきで，連続する王朝の興亡・形成様式・制度に関わる歴史書がを保持するべきである。それを国語に訳すべきであり，ベトナム史の大要が考慮されるべきであると述べている。

3. 試験システム（科挙）を改定では，「古典の解釈，押韻散文，詩，布告，法令，論文，政策議論，これらすべてが，我々の試験問題を構成している。我々には，入門，継続，開始，締結，明瞭，声率，比較と呼ばれるスタイルがあり，ここにどんな実用性を求めることができるのだろうか。昔の学者や試験制度の若い合格者のうち，誰が，五大陸が何であるかを知っているのであろうか，我々は今何世紀に生きているか知っているのであろうか」と，科挙制度について疑問を提示する。

しかし，まだ西洋のように専門的分野を確立できていないため，人を選抜する際に文献に頼らなければならないものの，今日では，暫定的に，いくつかの理にかなっている論文のみと政策論議を利用するべきであるという。「我々の試験問題は四書五経，十三経とその解説書，およびベトナム史，中国史，西洋史から出題する必要がある。我々は，学生がその考えに負わされる何らかの制約やそのスタイルに関連した規則なしに，自由に議論し疑問に答えることを許すべきである」と具体的に科挙制度の改革に踏み込んだ提案を行っている。

4. 才能を鼓舞するでは，書物が改定され，登用試験の規則が修正され［るならば］，希望を託す者たちは，数千人の書記官，事務員，官吏候補，指導者，教員代理，医師，進士，挙人，秀才達であるという。例え，彼らが耳にしたことから，新しい考えを展開できなかったとしても，彼らの文化と知識に新たな道を開くはずであり，そうすれば何もか

第3部　歴史社会学的分析

も一新され，それから新旧世代の衝突が生ずるはずである。国子監は官吏育成の場所であるが，彼らが今日の実際的問題とは無関係に昔の文献を属するものをすべて教え学んでいた。

「欧米語を学べないことに関して，我々は公法，西洋法制史，教育機関，地図，数学などについての書を扱う学院を設立すべきである。勉学プログラムを策定し，就学期間を正確に記載すべきである。学生が相互に質問しあい教えあうように鍛錬すべきである。毎年試験が行われ，試験に合格すれば，欠員補充に当てられるであろう。このやり方で数年以内に，古い社会は徐々に新しい社会に場所を譲ることだろう」と未来展望を語っている。

5．工芸の発展では，西洋では，新製品が発明された場合には，民衆がそれを真似するための困難はない。北人（中国人）が製造できるものは，我々もまたたぶんそれ以上にうまく製造できるだろう。だが中国製と比べて，洗練されていない。「我々は，技術を改善する方法を知らないからである」と問題をえぐりだす。工芸は，国家にとってきわめて本質的な要素であるので，立派な教師を採用し，モデルとして立派な製品を使用するために購入すべきであると提案する。「手先が器用で理解の早い者を選び，学校に送るべきである。朝廷は密接に彼らの学習の進展に関心を持つべきである。国中で新しい方法を学習し，新製品を発明し，欧州のようにお祝いの賞状を与え，名誉官吏の称号で評価し，報酬を与え，発明は特許で守られるべきである」と発明を奨励した。

6．新聞の発行では，サイゴンとハイフォンでフランス語で書かれた新聞を持っているものの，人々はほとんど読むことができず，漢文で書かれた唯一の新聞がトンキン［大南］同文日報である。そこで，首都であるフエに「新聞社が創設されるべきであり，多くの学者（紳董）とともにその社主として大臣を据えるべきである。新聞の半分は国語で執筆され，半分は漢文で執筆されるべきである。その新聞では，効果的な

146

教育機関や刺激あふれる考え，珍しい職業，欧米の美しい工芸品につい
て印刷すべきである。新聞購読料は低額で維持され，特定の日には，全
村社の高官であろうとなかろうと，朝廷であれ地方であれ，全役人に無
料で配布されるべきである」と国語と漢文の新聞の発行を提案した。

4）『文明新学策』の結論

　『文明新学策』は結論として，「新たな舞台に紅の幟（のぼり）と赤旗
を掲げよう。我々の熱意がさめぬよう，我々は世界の主流に自分自身を
投游すべきである。我が民衆がその思想によって競争的になるよう，そ
の競争的精神によって思慮深くなるようなやり方で，我が文明の力学を
刺激し，変化する時代を把握しようではないか。そうしてこそ文明に関
する様々な新しい学問を獲得できよう。一度その効果を把握したなら
ば，あらゆるものが円滑に作働するであろう」。「民衆の文化と知識が高
い水準まで称賛されるためには，文明の膨張力がまし，そして，その結
果，文明の基盤は永遠に持続する」と，やや楽観的ではあるが，啓蒙的
に，いわゆる「文明開花」を提起した。

5）『文明新学策』の論点

　以上詳細に見てきたように，『文明新学策』は，実学的にフランス植
民地下のベトナムの科挙制度，文化，経済，社会について転換を求めた
文献であった。それは20世紀初頭のベトナムでの「近代化運動の唯一
のハンドブック」と称されるものであった（Dương Thu Hằng, 2010）。

　しかし，残された論点として第1に発行年問題がある。この点につい
て，1907年説を採っている者いるが（Truong Bun Lam, 2000: 141），筆者
は1904〜5年とみなしている[4]。というのは，「中国では，1900年から
試験は前進しており」と『文明新学策』には記載されているにもかかわ
らず，1905年の科挙廃止の決定については，記載されていないためで

第3部　歴史社会学的分析

ある。また「国学院は，8〜9年前に開設され，外交上の多くの輝かしい才能を訓練した」と記載されているためである。国学院は1896年に開設されていることを考えると1904〜5年頃であるとみなすべきであろう。

　第2の論点は，福沢諭吉との関わりである。前述のように文明の発展段階については，福沢の『文明論之概略』の文明の三段階説に依拠している。だがこれは梁啓超を通した福沢諭吉であり，福沢諭吉の著書そのものの影響であるとは直ちには判断できないのである。というのは第1に，梁啓超については，民衆の文化と知識を開花するためには，（梁啓超曰く）家のように，「数千年に渡って住んでいたならば，再度居住できるように，建て直すために取り壊さねばならないはずである」と記載されているものの，福沢諭吉への言及はない。第2に，そもそも漢字仮名混ざり文の福沢の文章を，当時のベトナム知識人は，簡単に読むことができないという点がある。第3にワットやエジソンについての言及はあっても，福沢が高く評価するアダム・スミスについては記載されていないためである。福沢はいう。「アダム・スミス経済の定則を発見して，世界中の商売これがために面目を改めり。……世界中に幾千万のワット，スミスを生ずべし」（福沢，1995: 129）。したがって，『文明新学策』においては，まだ福沢の直接的影響は見られないと考えられるのである。むしろ康有為 (Khang Hữu Vi) の思想的背景を有する戊戌の変法の影響が想定されるのである[5]。

むすび

　『文明新学策』で示された方策は，ファン・チュウ・チンの近代化の実践に結びついていく。

　最初50人の学生で始まった義塾は，1907年5月に500人に達し，つ

9章　東遊運動から東京義塾へ

いに 1,000 人を超えたという。さらに梅林義塾（Mai Lâm），玉川義塾（Ngọc Xuyên）のように東京義塾をまねた学校も登場し，農村部の三ヶ所に分校が設置された。ただし東京義塾は単なる民間学校であったわけではなくて，若者を海外に眼を向けさせ動員させるには，絶好の場所であったのであり，実際東遊運動の「秘密機関」としての性格を有していたのである[6]。その結果，フランス植民地当局は，設立から当分の間，教育機関として東京義塾を許可していたものの，若干の教師達が学校外での演説で，植民地行政を公然と批判したという名目で，1908 年 1 月で閉校を命じたのである。

　短命で終わった東京義塾であったが，国語 (quốc ngữ) と，国の発展についての学習を新しい方法で奨励し，封建道徳と儒教的習慣を批判し，若者が産業や資本制経済を発展させるよう奨励したことで，ベトナム近代史に深い影響を刻印したのであった。

注
1) 「中学猛軻西学廬致向而表」とは，中国の孟子や西洋のルソーまで貴君の中に表現されているの意味と解せられる。なお本章の2～4節については，基本的に橋本 (2014) に依拠している。
2) 以下，『文明新学策』の訳出部分についていちいちページを示さないが，『文明新学策』原文：3～25，および Anonymous (1907): 141~154 による。
3) 渡辺憲正は福沢の文明化論を「19 世紀型文明史観」と位置づけている (2016: 13-14)。
4) Phạm Quang Trung (2012) は 1904 年頃と指摘する。
5) Dương Thu Hằng (2010) は，『文明新学策』と福沢諭吉の学校での学習内容と解決策という点で多くの類似性があると指摘する。むろん，福沢の慶應義塾で目指した教育が，『文明新学策』と類似した点は見られる。ただ福沢が漢学を軽視し英語を重視したことと，『文明新学策』で国語（quốc ngữ）を奨励したことはまったく異なる文脈である (福沢，1978b: 205)。むしろ筆者は，康有為 (Khang Hữu Vi) の思想的背景を有する戊戌の変法との関連を第一義的に問うべきと見なしている。すなわち光緒亭による改革は，八股文を廃止し，実学，実政による科挙制度の改革，「西学」を取り入れた学校の設立，外国留学，出版の自由と，

149

第3部　歴史社会学的分析

言論の自由，国力向上のための農工商業の奨励が含まれていたのであり，『文明新学策』と通底しているのである（野村，1964: 104～105; やすい，2010）。実際，『文明新学策』では，「中国では，1900年から試験セッションは前進しており，八股文を廃止し，政策論議や論文だけを与えている」と指摘し，強学会の序文に関連して「民衆の文化と知識を開こうと欲するならば，まず郷紳の文化と知識を開かねばならない」と書かれている。八股文の廃止は1902年であったが，強学会は康有為が1895年に設立した学会兼「政治団体」であり梁啓超も参加していたことから，戊戌の変法との関連を考究すべきであろう。しかも，康有為の変法運動が明治維新をモデルとしたものであったわけで（野村，1964: 104)，福沢諭吉の実践と通底していても偶然ではない。当時のベトナムで『日本維新史』(『日本維新三十年史』廣智書房，1902，日本版『明治三十年史』博文館，1898）を一部知識人たちが眼にすることが可能であったものの，『文明新学策』との関連の有無については，本書の付論の課題としたい。

6)　ブイ・バン・ハオによれば，「東京義塾は，千人の学生に愛国心と国への誇りを拡大し，国の独立と自由への闘争へと招き入れた」と評価している (Bùi Văn Hào, 2012: 288)。

10章　カオダイ・コミュニティの形成と変容

はじめに

　明治期の「日本に学べ」運動であった東遊運動のリーダー達は，運動終焉後それぞれ三者三様の道を歩んでいた。1918年に日本を訪問し，浅羽佐喜太郎公記念碑を建立したファン・ボイ・チャウは，その後，1925年上海で逮捕されフエで軟禁生活を送っていた。1911年以降フランスに追放されていたファン・チュウ・チンは1925年に帰国し，翌26年逝去した。

　こうしたなかでクオン・デ（畿外候）が，1915年以降日本に戻り東京に定住した。日本の右翼と関係し，日本軍とも繋がりを持った。クオン・デは，1939年カオダイ教の最高位に位置する護法であったファム・コン・タックによって支持され，アジア平洋戦争の末期，教徒によって帰国を待ちわびられていた。また，カオダイ教は日本軍と密接な関わりがあった。

　すなわちカオダイ教は，自らカオダイ軍を組織して，日本軍と協力し，あるいは日本軍がフランスからベトナムを解放するだろうと期待したのである (Tran My-Van, 1996; 宮沢，2009: 277)。

　では現在，ベトナム国内に約250万人の信者がおり，世界に300万人近くいるカオダイ教とは何であろうか。カオダイ教は，ホアハオ教と並ぶベトナム固有の新興宗教である。公式にはベトナム南部，タイニン省で1926年に創立され，儒教，仏教，道教を統合した混合宗教であるが，キリスト教，イスラム教，ヒンドゥー教の伝統をも統合すると喧伝して

151

第3部　歴史社会学的分析

いる。

　このカオダイ教の形成をめぐって，有力な仮説が初期の抵抗運動・宗教運動の延長，または当時の社会運動の一部として把握する立場である。初期の抵抗運動・宗教運動の延長として捉えるのが，R. B. スミスである。スミスはカオダイ教と1874～5年の阮友勲 (Nguyễn Hữu Huân) の暴動との関連性および明師道 (Minh Sư Đạo) との関わりについて指摘している。すなわち，前者については，1908年に行われた降霊会において，阮友勲の霊言が出現したと記している。囒道派 (Đạo-lành) の阮友勲の戦いは，ベトナム南部における最後の大規模反仏抵抗運動であったという。後者は，カオダイ教の創設者ゴ・バン・チュー（呉文昭）が1919年頃明師道の高僧と友好関係になったことを指す (Smith, 1970=2009: 126; 小倉，2004: 280)。

　囒道派について，宇野公一郎は，宝山奇香教だと指摘する。宝山奇香の始祖は，ドアン・ミン・フエン（段明誼）であったが，宝山奇香は1851年以降，南部の七つの山々からメコン流域で開拓団を組織し，宗教共同体を創出した。「宝山奇香が山に託した尽世は，高台という神に代わられる」と述べ「千年王国」的な土着主義的運動としてカオダイ（高台）教を捉えている（宇野，1979: 336, 347-348）。

　「千年王国主義」と認識する点では，フエ - タム・ホ・タイも同様で，終末論的なベトナム版「千年王国主義」であり，生存のための永続闘争を求める社会ダーウィニズムが大衆文化へに浸透し，カオダイ派の「千年王国」的レトリックとねじれながら合体したと指摘する。宇野が伝統的要因を指摘したのに対して，フエ - タム・ホ・タイは，新たな千年紀という歴史的段階の下での，「千年王国主義」であることを強調した。この点では，社会経済的条件を強調するウェルナーの視点と通底する (Hue-Tam Ho Tai, 1992: 190; Werner, 1981: 56)。

　すなわち，ウェルナーは，1981年，カオダイ教はベトナムにおける

152

最初の大衆運動であったと指摘する。秘密結社型の抗議が大衆的基盤を求め，急進的な政治形態へと変化していった時代にそれが出現したこと，ナショナリズムもマルクス主義も1920年代にまずもって登場したことを強調する。

この論争自体興味あるテーマであるが，本章のねらいはこの点ではない。宗教コミュニティとしてカオダイ教を把握するといかなる様相を示すかという点である。というのは，コミュニティとして理解する視座は，必ずしも研究が進展しているとは言い難いからである。

1. カオダイ教の教義

では何故カオダイ・コミュニティなのか。教義に触れる前に言及しておこう。ベトナムの北部と南部では異なった社会的基盤がある。北部には，既に15世紀に行政組織としての社が形成されたのであり，長期にわたる強固な村落共同体の基盤があった。これに対して，南部は開拓地であった。メコンデルタでは，歴史上コミュニティも近隣社会も存在しなかったところがあり，コミュニティのアイデンティティが弱い村もある。こうしたなかで，カオダイ教は，カトリックとともにメコンデルタでは村落を超えた地域宗教集団としての「まとまり」(桜井) を有したからである (渋谷，2000: 26-38; Hashimoto, 2004: 20; 桜井，1999: 186-187; Blagov, 2002: 166)。

カオダイ教は，1954年時点で12の宗派に分かれ，1975年には約20派に分裂した。2005年時点で9派からなる。しかし，原点はタイニン派であり，教義についてはタイニン派について見てみよう。

カオダイという用語は，漢字では「高台」と書き，神が宇宙に君臨する場所「宮殿」を意味する。「カオダイ」は，一般に父なる神，創造主を指すために使用される。正式名称は，「大道三期普度」Đại Đạo Tam Kỳ

153

第3部　歴史社会学的分析

写真10-1　天眼　カオダイ伝教聖会　ダナン市

Phổ Độ (The Third Great Universal Religious Amnesty ［神の第三の救済］) を意味する[1]。宇宙の最高神が新「宗教」の創立者として出現し，自ら「高台」を名乗ったのである。

　第三の救済の基本的な目的は，すべての宗教の統合であり，神との直接的コミュニケーションだけでなく，全宗教の集合である。第二の救済までは，儒教，仏教，道教，キリスト教，イスラム教，ヒンドゥー教の誕生があった。第三の救済の具体化としてのカオダイ教は，これらの伝統の統合であるとは提起しているものの，仏教，道教，儒教という東洋の三大宗教の折衷である。世界では，多くの宗教，人類が調和的に住んでいない。神は統一と平和を回復するために，一つにすべての宗教を統一することを決めたという。

　ベトナムでは，アジア的占いと道教の霊媒という，古来からの伝統がヨーロッパの心霊術と混合した。東洋と西洋の伝統のこの遭遇は，人類の精神的な探求の進化の飛躍をもたらした。このように強力なコミュニケーションの接合は，天国と地上との間で確立されたと指摘する。カオダイ教の宇宙観は，仏教と中国の「気」思想に影響されており，宇宙の生成と消滅，生成し，活性化し，腐敗し，無となることの持続的循環からなると認識する。

　天眼と称する一つ眼は，カオダイ教を最も象徴したものであり，宇宙の最高神を表象するもので，一般大衆の真の精神を代表する。眼は強力なシンボルとして普遍的であり，各教徒にとって眼は魂への窓で，霊的な心を表している。眼から発せられるものは，宇宙の光であり，この

154

光は我々の霊，神の一部を表しているという。また天眼は，奇跡の光であり，地上においてその眼の下で生じていることは神が判断したものである。これは1921年，ゴ・バン・チューが最高神からそのシンボルとして，全カオダイの祭壇の礼拝のため天眼を受け取った (Cao Dai Tay Ninh Holy See: 4-6；大岩，1941b: 40-41；鐘雲鶯・阮清風，2010；TẠ QUỐC TRI VÀ NGUYỄN THỊ THANH VÂN, 2009: 79)。

　カオダイ教徒は，午前6時，正午，午後6時，真夜中の4回，カオダイ聖堂か家庭の「天板」(聖壇) で礼拝しなくてはならない[2]。教義には，五つの禁制がある。1）殺生の禁止。2）(物質主義を避けるため) むやみに欲をだしてはならない。貪婪の禁止である。3）上等な生活の禁止，これは四足獣を食べないというベジタリアンに結びつく。また禁酒も励行される。4）贅沢にそそのかされてはならない。5）言葉つかいに気を付けなくてはならない，妄語戒である。これらの5点は，世界宗教の根本価値と称されるものであるが，カオダイ教のパンフレットでは，生き物を殺すなかれ，正直であること，姦通の禁止，欲望にふけってはならない (特に飲酒)，嘘をついてはならない，最初1ヶ月に6日，後に10日，高位聖職者になると完全なベジタリアンになることと記されている (Gobron, 1950=2008: 40; Cao Dai Tay Ninh Holy See: 18；大岩，1941c: 58-58)。

2．カオダイ・コミュニティの形成

1）コミュニティの端緒——エリート・コミュニティ——

　1876年生まれのカオダイ教の創設者ゴ・バン・チューは，カンボジアに近いフーコック島で入僮法を行い霊界と交霊した。彼はフランス植民地の監督府の文官であったが，3年間の菜食主義を誓い，1921年2月8日ある神霊の弟子となった。地方長官の彼は，ある日曜日大きな

155

第3部　歴史社会学的分析

写真10-2　カオダイ・タイニン派聖堂　（タイニン市）

眼が彼の正面に現れた。その後，その大きな眼は自らを高台仙翁（カオダイのかみ，Cao Đài Tiên Ông）と名のったのである[3]（グエン・ゴク・ホア：（一）134：（二）130）。天眼の出現である。

1925年夏，サイゴンの若き役人達が霊界との接触を楽しんでいたが，その中に後に護法となる海関税検査官ファム・コン・タック（梵公則）と楽師のカオ・クイン・クー（高瓊居），税務長官のカオ・ハイ・サン（高懷山）がいた。中秋節に彼らが出席した宴会の後，彼らは高台仙翁の命令に従うことを近い，冬，高台仙翁は「大道三期普度」を告げた。その年のクリスマスイブ，上記3人の最初の霊能者集団にカオダイ神が自らを「神」(Supreme Being)であることを提示した（グエン・ゴク・ホア：（三）127; Gobron, 1950=2008: 20, 40; Cao Dai Tay Ninh Holy See: 6）。

1926年1月，高台仙翁は，3人に対してチョロンに住んでいた代議士レ・バン・チュン（黎文忠）の所に向かうよう指示した。レ・バン・チュンは，高台仙翁の指示に感謝し，自宅に祭壇を設置した。そして，官職を止め，布教に専心することにした。こうして9月26日にはサイゴンで274名の信徒が集まり，10月7日，レ・バン・チュンと27人の指導者集団がカオダイ教の創設を宣言し，フランス植民地コーチシナ長官に開教届けを提出したのである。いわばエリートによる宗教コミュニティの誕生であった。ただし，そのカオダイ聖会は組織的には，教宗，掌法，頭師，正配師，配師，教師，教友，礼生という位階制を採用したので，アソシエーションの性格があった（グエン・ゴク・ホア：（三）126

156

10章　カオダイ・コミュニティの形成と変容

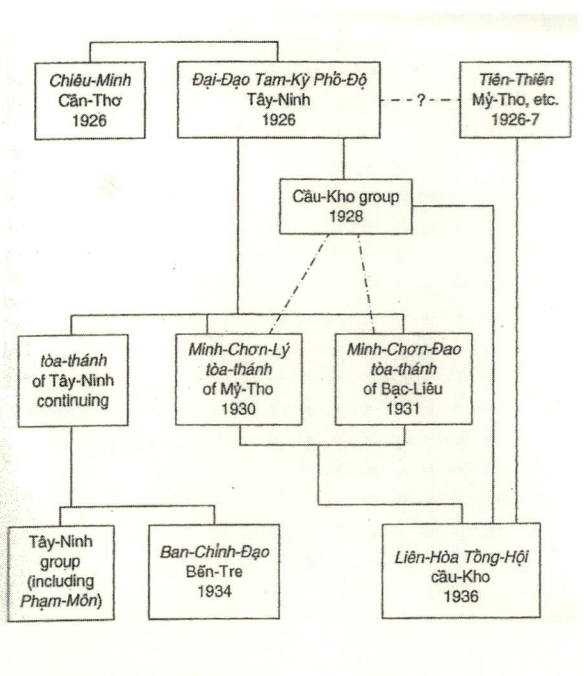

注

結成年	宗派名	漢字	場所
1926	Chiêu-Minh	照明派	カントー
	Đại-Đạo Tam-kỳ Phổ Độ	大道三期普度	タイニン　⇒ タイニン聖座⇒（梵門を含む）タイニン派
1926-27	Tiên-Thiên	先天派	
1928	Cầu-Kho	庫橋派	サイゴン
1930	Minh-Chơn-Lý toà thánh	明真理聖座	ミトー
1931	Minh-Chơn-Đạo toà thánh	明真道聖座	バクリュー
1934	Ban-Chinh-Đạo	領整道派	ベンチェー
1936	Liên-Hoà-Tổng-Hội	リエン・ホア・トン・ホイ（蓮和総会）	カウコー

出所）Smith, 2009, 125

図10-1　カオダイ派の宗派　1926-36年

−136）。

　12月には霊媒の功徳によって信者は2万人に達した。「集会の列席者
は夫々自分にとって有益な啓示を與えられ，深い感銘を他の列席者にも
與えるので，大量的に信者が増加するので」あり，「今まで越南人の信

157

第3部　歴史社会学的分析

奉する宗教に對して全く何等の摩擦も生ぜしめない」(大岩，1941a: 78)
ものであった。

2）コミュニティの発展と分解——民衆運動と内紛——

　1926年11月18日，サイゴンの東北約100キロのタイニン省の慈林
寺（ツーラム寺院）で立教式が開催された。タイニン省が選ばれたのは，
和尚がカオダイ教徒に改宗したことがあるが，前述の「宝山奇香が山
に託した尽世は，高台という神に代わられる」というバー・デン山の
ふもとであったからだという仮説が提示される（宮沢，2009: 257）。式
典は当初3日間継続することが計画されていたが，呼びかけに応じた
民衆が多数におよび儀式は3ヶ月間持続した。礼拝場には，ベトナム
人以外に，フランス人，カンボジア人，チャム族，タムン族，中国人
も参加した。この幸先良い始まりは，教徒を拡大し，ベトナムの民衆
に歓迎された。最初の4年間で，50万人とも120万人（人口の1/20）
とも言われる膨大な教徒を集めたという。ただ1928年時点で20万人
程度という説もある。カオダイ教は，フランス植民地政庁にとって支
援するキリスト教と対立する面があり，その意味で民衆の「狂信」と
新宗教の発展は危機として認識され，実際妨害に出た（Cao Dai Tay
Ninh Holy See: 7；グエン・ゴク・ホア：(三) 138; Smith, 2009: 120；大岩，
1941a: 79）。

　こうした宗教的興奮は，まさにベトナム的「千年王国主義」の出現
で，わが国の近世の「おかげまいり」を彷彿させるものがあり，宗教コ
ミュニティの発展であった。またファン・チュウ・チンやグエン・ア
イ・コク（ホーチミン）と交流を持ったグエン・アン・ニン（Nguyễn An
Ninh, 阮安寧）のようなジャーナリスト，革命家も，カオダイ教に関心を
示したのである。グエン・アン・ニンは，カオダイ教に魅力を感じたも
のの，入信しなかった。それでも剃髪し，厳格な菜食主義者になったの

158

であり，1927年の渡仏の際は，カオダイ教が資金援助をしたという噂も生じている。彼の秘密結社のメンバーの多くは，カオダイ教のメンバーにも加わった (Hue-Tam Ho Tai, 1992: 190; 192; Blagov, 2001: 65)。

　宗教コミュニティが発展する一方，正確ではないものの図10-1のように組織の分裂があった。そもそもゴ・バン・チュー自体が新しい教団に関わらないことを決断し，カントーに照明派を組織したのである。分裂はリーダー間の不和であるとベトナム共産党＝政府筋は公式にはみなしている。教宗レ・バン・チュンと正配師グエン・ヴァン・カの確執に伴って，ミトーにミン・チョン・リィ（明真理）派が結成された。コレラに罹ってレ・バン・チュンは1934年に帰天し，高官達の内部矛盾が激化した。玉掌法チャン・ダオ・クゥアンは，カオ・チュウ・ファット（後にベトミンに加わり，「カオダイ救国」を組織して抗仏活動を鼓舞した）とともにカオダイ・ミン・チョン・ダオ（明真道）を創設した。さらに上配師グエン・ゴク・チュンがカオダイ・バン・チン・ダオ（領整道）を組織し，グエン・フー・チン達がミトーで天台浄（ティエン・ティエン〈先天〉派）を組織した (Nguyễn Minh Quang, 2005: 88-89)。

　レ・バン・チュン死後，1935年護法ファム・コン・タックが，最高権を掌握するものの，彼自体が1932年までに最大500人の支持者を連れて「梵門」と称する教団内宗派を形成していた。こうしたコミュニティを動揺させる教団内リーダー間の対立に加えて，「カオダイ・コミュニティ」を非合法化するフランスの弾圧があった。1930年に第1次弾圧があり，信徒の多い地方で空爆がなされ，その結果2,366名の生命が奪われたのである。またわが国の隠れキリシタン同様，カオダイの御神体を竹筒に入れて隠して礼拝する信者もいた。カオダイの御神体が発見されれば，家族ともども殺される事態が生じたからである。この弾圧の後にカオダイ教は六つの分派が出来たので，弾圧と分裂の影響も無視し得ない。例えば，ミン・チョン・リィ（明真理）派やバン・チン・ダオ

第3部　歴史社会学的分析

（領整道）派の結成の背景には，これらの宗派がフランス植民地当局を支持し，または従属する戦略を取ったからであった（Blagov, 2002: 74; グエン・ゴク・ホア，（四）：121-122; Smith, 2009: 121-123)。

3.　タイニン・コミュニテイの強化

　教団のリーダーと教徒が，舞台の演技者であり，観衆であるとすれば，その装置が必要である。もちろんその中心は儀礼の場としての聖室（Thành Thất）にあり，正面に天眼を奉った祭壇がある。ここでは，こうした舞台以外の装置に注目したい。図10-2はタイニンにおける諸施設の配置状況である。これには高等学校が配置されているので，1964年以降のものであり，ビクトル・オリバーの調査時点の1970年頃の配置図と推測される。宗教施設以外の，宗教関係者の住居も含めて食堂，病院，孤児院，高等学校などの社会サービス施設が配置されているわけで，コミュニティ装置が形成されていることがわかる (Oliver, 1976)。

　ではこのような装置＝施設群がいつ設置されたのであろうか。グエン・ゴク・ホアによれば，「1935年世界の事情の変転を予想して人類救済の時期と合う様に高台教の活躍は機構組織が変更しなければ間に合うはない訳で高台教創立十周年一月九日から十五日迄の総代大会に寄りて法律は以前のそのままだが，行政だけは次の四つの機関が成立して相互の権限責任を持て新体制を構成した，－九重台に属する教化権は行政と普済，協天台に属する司法権は福善と教律，と云う四つの機関が平行に中央から地方迄新しい体制を執行するようになりました」と述べている。しかし，オリバーは1938年には社会問題部門(Phuoc Thien，福善）が設立されたと指摘しており，実際1938年12月には福善機関が設置されたのである。

　詳細は次章に譲ることとして，1940年頃には，「総本山には聖堂，霊

160

10章　カオダイ・コミュニティの形成と変容

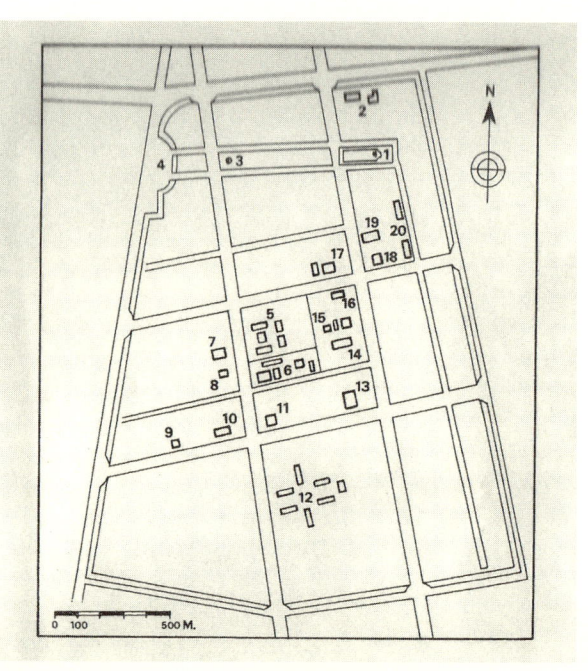

1	聖堂	11	宗教外事務所
2	九重台（行政）事務所	12	高等学校
3	仏陀像	13	大衆協議会の建物
4	正門	14	聖母寺院
5	病院	15	職色（高官）の住居
6	福善施設（社会問題）	16	協天台（立法）事務所
7	式典奉仕者の住居	17	教宗（教皇）の住居
8	孤児院	18	講義場
9	音楽家の住居	19	女性頭師（枢機卿）の住居
10	葬儀場	20	食堂

出所）　Oliver, 1976: 47

図10-2　タイニン聖座

祠のほかに巨大な印刷工場があって一時間に小冊子五百部を印刷するために，輪転機と小型印刷機各々一台を備えている。印刷場のほかに木工場があり，本尊の大地球儀を組み立ててをり，その傍には四百人の生徒と十人の教師とをもつ学院があって，佛，安，支三ヶ国語をはじめとして地理・歴史・理学等々の学科を七年の課程で授けている。病院，葬儀

161

第3部　歴史社会学的分析

場などもある。さらに共同組合の店もあり，販売，購買，消費，信用の四組合を兼ね営み，その上に大農園も経営していて，全く組織的にして近代的・総合的な規模が人目を欹たしめるさうである」（大岩，1941c: 66）ということからすれば，強固なコミュニティ装置が存在したことは，明白であろう。そして，この装置＝施設群の上に，護法ファム・コン・タックの下で，タイニン派内部においては〈地域性〉と〈共同性〉の両面で，強力な宗教コミュニティが形成されたと見なすことが可能である。

4.　コミュニティのなかのカオダイ教

コミュニティのなかでカオダイ教がいかなる存在であるのか，それを示しているのが，1950年代末から60年代初頭に実施されたジェラルド・ヒッキーのカインハウ（Khanh Hau）調査である（Hickey, 1960; 1964）。カインハウは，旧サイゴンの55km西南のメコンデルタに位置し，当時面積は1,000haで人口3,100人の米作村であった (Hickey, 1960: 2)。現在はタンアン市のカインハウ坊に属しており，2005年の人口は10,575人（2009年は7,785人）である (Hy V. Luong, 2012: 107)。

カインハウの大部分の村人は，自らを仏教徒とみなしており，カトリックが12世帯で約80人の信者がいた[4]。カオダイ教徒は，1960年時点で350人と推定されている。村民の約11.3%であった（2000年代の中葉でカオダイ教徒が17.5%，キリスト教徒が3.7%である。[Hy V. Luong, 2012: 109]）。カインハウでの最初のカオダイ教は，ヒッキーの表現では三期普道（タイニン）派であり，その後バン・チン・ダオ（領整道）派，ティエン・ティエン（先天）派が進出し，ミン・チョン・リィ（明真理）派が登場したという[5]。ただしタイニン派は，村では1955年以降，信徒がわずかで，活動が減少し，公式の組織はほとんどなかった。

162

10章 カオダイ・コミュニティの形成と変容

タイニン派と南ベトナム政府の不和である[6]。バン・チン・ダオ派とティエン・ティエン派は，公然と機能し，改宗活動を開始し，村内に「寺院」(聖堂) を設立し，最大の信徒を得た。バン・チン・ダオ派は，300人である。ティエン・ティエン派は150人で村内に，村で唯一の２階建ての建物を建造した。ミン・チョン・リィ派は20人である。

カインハウにおける各カオダイ派のメンバーの関係は，相対的に緩やかで，特定の宗派よりも大部分は自分をカオダイ教徒と認識している。実際バン・チン・ダオ派とティエン・ティエン派は，基盤が似ており相対的に密接である。信仰を共有し，儀礼の形もほぼ同一である。両会衆のメンバーは，どちらかの寺院の儀式の際に，自由に助け合い，リーダーの公式の招待もなされていた。しかし，ミン・チョン・リィ派とティエン・ティエン派の間では不和がある。

ミン・チョン・リィ派は，祖先崇拝は容認するが，伝統的なベトナムの宗教信仰に寛容ではなく，アニミズムを認めない。殺生に由来する菜食主義はない。天眼 (Cao Dai eye) ではなく「心の印の中の眼」(heart in the eye)[7] であるなど大きく儀礼が異なっている。

カオダイ教徒は寺院の周りに住み，強い凝集性（内集団性）がある。彼らは村落儀礼への参加を制限されることもなく，村の祖先崇拝や神社のお参りなどの宗教慣行を維持している。カオダイ教徒間で相互依存や相互援助があり，家の修繕のみならず，灌漑水車を貧農へ無償貸与するなどの慣行も行われていた。ゆいは親族や友人からなるが，バン・チン・ダオ派のカオダイ教徒も同様で，近隣の農地を耕作する。

興味深いのが，近隣集団と宗教結合との関係であり，特にカトリックのケースである。村人たちは，宗教の違いに寛容で，カトリック教徒は，いかなる少数派の態度も示すことがない。彼らは非カトリックの隣人との密接な関係を有しており，村の行事に積極的に参加する。彼らの宗教的信念は亭（集会所兼氏神）の儀式へ参加することを許さないが，

163

第3部　歴史社会学的分析

カトリックの指導者の一人が，村人としての貢献を記録する意味もあり，信者を代表して参加する。

いわば第1に村落が宗教的寛容を示していることが注目されるものの，第2に当然宗派は内集団化して強い凝集性を有している。第3にカオダイ教徒の場合，寺院（聖堂）がコミュニティ・センターとして機能していることである。第4にカオダイ教徒一般で論じられる部分と論じられない宗派間の対立が伏在していることがわかるのである。

5.　カオダイ宗派の連携・対立とコミュニティ装置の縮小

抗仏の第1次インドシナ戦争，抗米救国のベトナム戦争において，カオダイ宗派は複雑な展開を示して来た。ベトナム共産党＝政府筋のグエン・ミン・クアンは，二つのインドシナ戦争の下でのカオダイ宗派の動きを以下のように指摘する (Nguyễn Minh Quang, 2005: 90-92)。

・　抗仏抵抗戦争では，カオダイ・タイニン派は，抵抗勢力と戦うために30,000人の強力な軍隊を組織した。ゴ・ディン・ジェム政権下では，カオダイ軍事力は武装解除されたものの，ゴ・ディン・ジェム政権の崩壊後，再組織され，カオダイ軍は熱狂的な反共になった。しかし，カオダイの聖職者と信者の大半は抵抗の二つの戦争の勝利に大きく物質的にも人的にも貢献した。

・　抗仏戦争期に，後にベトミン（現在の祖国戦線）のメンバーとなる「カオダイ救国」は，12の宗派を結集した。カオダイ救国は革命と抵抗をサポートするために，カオダイ教の聖職者や信者を動員する上で重要な役割を果たした。さらに1960年に南ベトナムのドンコイ（一般蜂起）に続いて，愛国カオダイ派は，「カオダイ Lien Giao（連交）I」（1962年）と「カオダイ Lien Giao II」（1972年）と呼ばれるブロックに集結した。ベトナム共産党の指導の下，これらの組織は後に南ベト

10章　カオダイ・コミュニティの形成と変容

ナム解放民族戦線に参加した。

・　いわばカオダイ・タイニン派は反抵抗勢力側に立ち，逆に抵抗勢力側に立った多数の宗派がいたということである[8]。抗仏戦争期に，抵抗勢力側に立った代表的宗派は，前述のミン・チョン・ダオ派とバン・チン・ダオ派であった。ミン・チョン・ダオ派の信徒や僧侶（職色）の大部分が，ベトミンに加入した。特にミン・チョン・ダオ派の聖会決定（1946年）の第1条は，「ミン・チョン・ダオ全派は，ベトミン戦線に加入し，ホー主席の領導に従い全民が団結して賊を討ち国を救おう」であったという。同時にタイニン派も「カオダイ救国」に加入していた。

・　カオダイ Lien Giao（連交）I は，やはりミン・チョン・ダオ派が，ティエン・ティエン派など4派を組織したもので，高津やブラゴフは1955年の成立だと述べている。アメリカ帝国主義とゴ・ディン・ジェム政権に対して，ジュネーブ協定の履行を求める闘争と南部の民衆蜂起運動への参加を要請するものであった。やがて1970年には，バン・チン・ダオ・ドー・タイン（首都）派もこの Lien Giao（連交）I に参加し，18宗派に拡がった。カオダイ Lien Giao II に参加したのは17宗派と諸組織であり，和平を祈願しアメリカとサイゴン政権がパリ協定を履行するよう要求した（高津，2011: 112-116; Blagov, 2001: 149: Nguyễn Hữu Nhơn）。

1975年のベトナム戦争集結から四半世紀を経てバン・チン・ダオ派ハノイ聖室のリーダーの一人は，タイニン派について次のように認識する。「タイ・ニン聖座の布教では，タイ・ニン聖座にのみ従って修行していれば，教えの境地に辿りつけると言っているそうです。そして他の宗派は悪魔を信仰しているのだそうです。本当に悪魔であるかどうかはもうすでにわかっていることです。それぞれの聖会がバン・チンやティエン・ティエンのように大きく発展しているのですから。……フラン

165

第3部　歴史社会学的分析

ス統治の時代は，カオダイ軍はドイツと戦うためにフランスに行きました。だからカオダイ・タイ・ニン派はベトナム革命にも反抗したのです。そのようなことをしているようでは純粋な宗教とはいえません」（伊藤，2003: 79）。一宗派のリーダーの認識から，普遍化することは避けるべきではあるが，ここには「カオダイ宗教コミュニティ一般」なるものは，成立しがたいことを読み取れる。四半世紀を経ても，容認しがたい対立感情を内包しているからである。すなわち成立しうるとすれば，カオダイ・タイニン派のコミュニティであるとか，カオダイ・バン・チン・ダオ派のコミュニティであると言えよう。もちろん都市社会学的なコミュニティ論からすれば，それでも規模が大きすぎるのは述べるまでもない。

　ではタイニン派内部のコミュニティ装置は，ベトナム解放後いかなる変容をみたのであろうか。最後にこの点を検討しよう。北澤直宏は，「78年4月から5月にかけては教団運営の学校・病院・孤児院など“宗教に必要ない”施設が没収され [CD-6; CD-17]，8月には教団自体も冠婚葬祭・慈善活動などを通して大衆を扇動しているとして『宗教ではない』

写真10-3　カオダイ伝教聖会　ホーチミン市

と断言されるようになっている」（北澤，2013: 282）と指摘した。公的には，社会サービス施設が没収され，コミュニティ装置は，聖堂などの宗教装置に限定されたわけで，コミュニティ装置の縮小が見出された。それでも，1980年代初頭，130人の引退した高位聖職者達が，老人ホームや智覚宮におり，1998年以降ベトナム政府は若干譲歩し，福善（福祉）施設の再設立を認可した（Blagov, 2002: 153-155, 167）。それどこ

166

10章　カオダイ・コミュニティの形成と変容

ろか，2004年の「信仰・宗教法令」では，その第33条で，慈善・社会活動を積極的に奨励するようになっている。それゆえ，近年社会活動のために，毎年多くの信者が参加してきた。貧困の撲滅に多くの成果をあげ，経済活動で競争し，社会文化の発展に貢献し，地域の強い基盤を構築してきたと指摘されている (TẠ QUỐC TRI VÀ NGUYỄN THỊ THANH VÂN, 2009: 83)[9]。

　かくして，カオダイ教の福善活動の展開，それが次の課題となっているのである。

注

1）伊藤まり子によると，タイニン聖座大道三期普度聖会は現在本来の名称ではなく，カオダイタイニン掌管合同 (Hoi Dong Chuong Quan Cao Dai Tay Ninh) となったという。しかし，ウェブサイトでは確認できず，筆者がホーチミン市5区のカオダイ・タイニン派聖堂で入手したパンフレットでは依然，Đại Đạo Tam Kỳ Phổ Độ Tòa Thánh Tây Ninh が記されているし，タイニン派の公式ウェブサイト（http://caodai.com.vn/vn）でも，旧来の名称が使用されている（伊藤，2003: 81）。

2）この日常の礼拝の時刻は，宗派によって異なっており，1950年代後半のバン・チン・ダオ（領整道）派では，午前5時，正午，午後5時，真夜中0時の4回となっており，ミン・チョン・リィ（明真理）派では家庭で午前5時半，11時半，午後5時半，真夜中0時の4回となっていた (Hickey, 1964: 69-72)。

3）高津茂によれば，カオダイの最初の降臨は1920年1月か2月であり，ドアン・ヴァン・キム他3人が扶鸞（占い）を実施した際とされ，その際に読み手の役を担っていたのが，ゴ・バン・チューであったとされる（高津，2012: 176）。

4）ヒッキーの1960年版では，12世帯と記述しているカ所と15世帯と記述しているカ所がある (Hickey, 1960:198; 251)。

5）バン・チン・ダオ派については，漢字で領整道と記述したが，製道班派または道整会と記載している文献もある。またティエン・ティエン派については，先天派と記述したが，天仙派，仙天派と記載している文献もある。

6）この点は以下の事実と関連していよう。すなわち，カオダイ教（タイニン派）は，南北ベトナム両政府がに互いに統一の交渉に応じ，愛と平和の単一の国を形成するよう呼びかけていた。ゴ・ディン・ジェムには，この提案が，アメリ

第3部　歴史社会学的分析

カへの傀儡政権の方向と正反対であったから，当然脅威として認識された。カ
オダイの大衆的アピールと大衆への「愛と統一の原理」は，危険性の深化であ
ったため，護法ファム・コン・タックはすぐに亡命を余儀なくされ，彼はカン
ボジアに 1956 年逃亡し，数年後の 1959 年帰天した。彼は「インドシナ半島
の自由は保持されるべきで，種族の再統合と平和共存の新しい解決を自ら行わ
なばならない」と述べていた (Hum Dac Bui and Ngasha, 2000: 86; Centre for

Studies in Caodaism)。

7)　高津茂によれば，このアイコンについて紅心と称するという (2014: 44)。

8)　高津は，カオダイ教の形成過程には神意の伺い方に大きく二つのグループが
あり，解放勢力側に付いた多くは，「内教心伝」グループであったのに対して，
タイニン派は「外教公伝」派であったと，神託の得方にまで遡及して相違を指
摘している（高津，2015: 138）。

9)　本章脱稿後，伊藤まり子の「カオダイ教ハノイ聖室の民族誌的研究──ベト
ナム北部地域の都市における女性たちの社会関係──」(2012) を目にした。こ
の論文はバン・チン・ダオ派ハノイ聖室についての徹底した女性コミュニティ
の研究になっている。

168

11章　カオダイ教と福善——慈善・社会サービス——

はじめに

　ベトナムの家庭に訪問すると大きな祭壇がある。日本の仏壇に相当する。お線香などの様子から，お宅は仏教徒ですかというと，祖先崇拝だという。祖先崇拝は，宗教ではないと考えているベトナム人もいるが，ベトナムの宗教研究によれば，れっきとした宗教に位置づけられている。祖先崇拝を含む民間信仰の信者は5,000万人に達している（2009年）。これに対して仏教徒は1,000万人，カトリックが600万人，カオダイ教徒が240万人（2014年時点で約250万人），ホアハオ教が130万人，プロテスタントが150万人，イスラム教徒が7万人，ローカルな新宗教などが150万人である。合計すると7,277万人に達し，人口の85%が何らかの信仰を有していることになる。ドイモイ以前には，公然とは行使できなかった民間信仰も認められるようになったのである (Nguyễn Thanh Xuân, 2012: vii; 大西，1995: 236)。

　本章は，ベトナム独自の新興宗教であるカオダイ教とホアハオ教のうちカオダイ教を対象とする。両宗教ともフランス植民地下のベトナム南部で成立し，武装した私兵を有した歴史がある。いずれも宗教社会学のみならず社会運動論的にも注目すべき宗教運動である。ホアハオ教は仏教系の新興宗教である。これに対して，カオダイ教は，その独特な教義と聖室（礼拝堂）とか聖座（法王庁）と呼ばれる寺院の奇抜さが著しい。本章は前章の延長線上でカオダイ教と福祉（福善）活動との関連を，タイニン派を中心に取り上げたい。

169

第3部　歴史社会学的分析

1.　カオダイ教の教義

　前章で見たようにカオダイという用語は，漢字では「高台」と書き，神が宇宙に君臨する場所「宮殿」を意味する。「カオダイ」は，一般に父なる神，創造主を指すために使用される。正式名称は，「大道三期普度」Đại Đạo Tam Kỳ Phổ Độ (The Third Great Universal Religious Amnesty［神の第三の救済］)を意味する。宇宙の最高神が新「宗教」の創立者として出現し，自ら「高台」を名乗ったのである。

　第三の救済の基本的な目的は，すべての宗教の統合であり，神との直接的コミュニケーションだけでなく，全宗教の集合である。第二の救済までは，儒教，仏教，道教，キリスト教，イスラム教，ヒンドゥー教の誕生があった。第三の救済の具体化としてのカオダイ教は，これらの伝統の統合であるとは提起しているものの，仏教，道教，儒教という東洋の三大宗教の折衷である。世界では，多くの宗教，人類が調和的に暮らしていない。神は統一と平和を回復するために，一つにすべての宗教を統一することを決めたという。天と地上の契約である第三の救済を象徴する人物として，ビクトル・ユーゴー，孫文，グエン・ビン・キエム[1]が挙げられる。

　この仏教，道教，儒教の折衷である三教融合（合一）的教義思想は，中国の民間宗教の影響を蒙っているといわれるものの，実はベトナムの宗教史に内在しているのである。すなわち仏教，道教，儒教はベトナム史上共存し，李朝から陳朝（11-14世紀）の時代には社会に積極的に影響し合い，18世紀には「三教同源」と見なされていたからである。

　カオダイ教の特異性を示すものが「天眼」である。天眼と称する一つ眼は，カオダイ教を最も象徴したものであり，宇宙の最高神を表象するもので，一般大衆の真の精神を代表する。眼は強力なシンボルとして普遍的であり，各教徒にとって眼は魂への窓で，霊的な心を表している。

170

眼から発せられるものは，宇宙の光であり，この光は我々の霊，神の一部を表しているという。また天眼は，奇跡の光であり，地上においてその眼の下で生じていることは神が判断したものである。この天眼について，キリスト教の十字架に相当するものと考えれば，合点がゆく。

2. タイニン派における福善の位置

　カオダイ教団は，設立後の1926年に信仰崇拝の対象である「八卦台」（仏界に相応），宗教戒律司法機関としての「協天台」（法界に相応），宗教生活協会および教化の組織であり，行政機関・役員会としての「九重台」（僧界に相応）を設置して，組織的な整備を行った。しかし，その後1938年に正式に福善機関（慈善・社会サービス機関）が設置された。

　この福善機関の必要性について，物質的・精神的苦難を緩和するという高度な目的があったからである。しかし，実際のところは，慈善・社会サービス（福善）機関は，信者を募集し，集合させ，決定を履行するための重要手段として浮上したという経緯がある (Blagov, 2001: 116; 83; Hue-Tam Ho Tai, 1983: 104)。では福善機関とは何であるか。これは第1に貧者の健康，医療，孤児を支え，社会の全局面での生存要求の援助を行うことで，普遍的に生を履行するために設立した機関だと定義する。第2に相互扶助を行い，病気，障害，高齢となった聖職者を救済し，九重台や協天台のように教団の基盤システムとして位置づけられていた。第3に神の自然法に則って各人が人生を全うする権利を享受することが可能となり，農工商という三階級を支えて争いを回避することが可能となり，階級分裂と無関係にブルジョワジーとプロレタリアート間の平等を達成する方法であるという。いわば慈善・社会サービス（福善）活動は，地上のパラダイスを実現する方法であるかのように理解可能なのである (T. L. THIỀN GIANG, MINH TÂM & THANH QUANG, Biên Soạn,

第3部　歴史社会学的分析

1963; Cơ Quan Phước Thiện)。

3.　タイニン派における福善の歴史的展開

1）社会サービスの端緒

　ではその史的展開はどうなってきたのであろうか。福善機関というフェイスブックのウエブサイトでは，1928年以降50年の歴史を4期に分割している。第1段階は「梵門」である。「梵門」は，護法ファム・コン・タックが，1932年までに最大500人の支持者を連れて形成した教団内宗派である[2]。支持者には精神的完璧性への途が示され，表向き名誉を希望せず，赤十字のように高官としての冠を望まない信徒の脚となるものと見なされた。恐らく「梵門」がとうもろこし，ピーナツ，砂糖きびの集団農場を指導したことから第1段階に位置づけられたのであろう (Phạm môn; Werner,1981: 33)。

2）社会サービスの拡大

　第2段階はかなり長期の期間で，福善部門の設置から南部20省への道友の派遣，保護機関，学校の開設などの1974年までに及ぶ，2回のインドシナ戦争とフランスからの独立，アメリカの支配という動乱の時期が該当する。前章で見たように，1940年頃には，400人の生徒と10人の教師とを持つ学校を有し，フランス語，ベトナム語，中国語をはじめとして地理・歴史・理科などを7年の課程で教えていた。また病院，葬儀場などもあり，販売，購買，消費，信用という4組合有する協同組合の店舗を有し，大農園も経営していたのである。

　福善機関の責任は，カオダイ・タイニン派コミュニティの社会的ニーズを満たすことにあり，その他生産経済企業や聖母崇拝用の小寺院も建立していた。1970年時点で，機関には礼生以上の152人の高官がおり，

172

11章　カオダイ教と福善—慈善・社会サービス—

福善機関と九重台では，1,000人以上の労働者を養う必要があり，午前11時（お粥）と午後5時の2度食事（米飯）が提供された（Oliver, 1976: 69）。

　福善機関は，孤児院，病院，道徳学堂と称する高等学校，音楽家，式典奉仕者，聖歌隊，老人ホームを管理していた。またタイニン市において，彼らは，パン屋，ガソリンスタンド，大工業者，鍛冶屋を運営していた。1970年の統計では，彼らは108の異なる店舗，工場，農場ないし土地区画を運営していたのである。

　病院は75床で，公認された集中訓練プログラムに合格した36人の看護師がおり，60人の看護学生を雇用していた。院長は高齢の医師で，2週間置きに訪問していた。彼の訪問は，病院の14人の非ベトナム人医師，民間人と軍人を伴っていた。病院のスタッフは1970年の10ヶ月間に，99,606人の注射を打っていた。

　福善機関は，高校と中学校という二つの学校を，同じ団地で，運営しており，高校は1964年に開校し，1970年までに1,000人以上の生徒がいた。中学校への入学者数は，同年1,800人であった。学習プログラムには，宗教および通常科目群が含まれていた。

　また1か所の老人ホームと孤児院があった。若干の孤児は，様々な聖職，聖歌隊員，音楽家，式典奉仕者になる経路があった。多くの孤児は，教会の4部門の一つの役人になった。老人ホームで生活する人々は，大部分福善組織に仕えた聖職者であったという（Oliver, 1976: 69-71）。

　いわば福善機関は，いわゆる福祉＝慈善活動の枠を超えるような幅広い社会サービスを提供し，まさに前章でみた宗教コミュニティを形成していた訳である[3]。

3）社会サービスの衰退から再生へ

　第3段階は，1975年から85年の時期であるとされ，この時期は，南ベトナムの解放と社会主義化の時期にあたる。福善聖会と行政制度とし

173

て九院が設置された時期であると指摘する。しかし，1955年1月12日福善聖会公室が開室し，1950年1月31日，九院に護法が137の詳細な任務を割り当てたと言われているので，第3段階の指摘は大いに検討が必要である (LỊCH SỬ THÀNH LẬP HỘI THÁNH PHƯỚC THIỆN HIỆP THIÊN ĐÀI ĐỨC HỘ PHÁP THUYẾT ĐẠO; Tìm Hiểu Về Cửu Viện của Đạo Cao Đài, 2007)。因みに九院とは，戸院（財政研究所），糧院（食料研究所），工院（工業研究所），学院（教育研究所），医院（医学研究所），農院（農業研究所），和院（調停研究所），吏院（教団内研究所），礼院（儀礼研究所）を指す。

むしろ，前章で見たように，1978年春，教団運営の学校・病院・孤児院など「宗教に必要ない」施設が没収されたわけで。公的には，社会サービス施設が没収され，コミュニティ装置は，聖堂などの宗教装置に限定されたのであった。そして上記施設は，国家の所有物となった。かくしてこの時期は，苦境の時期にあったと評価されるべきであろう。

第4段階は，1986年以降である。いわゆるドイモイ（刷新）期に該当する。この時期は苦境からの救済の時期で，教団内に事務所は存在しないと言及された。もはや土地を有せず，地方の福善はなく，名称のみが残ったという。各人が自活し，菜食主義となり，礼拝し，通常の慈善活動を行うことになった。目的は不幸（薬を得られずに痛み続けたり，破けた服を着ていたり，死に至り，魂の救済，希求など）の救済である。やがて1998年以降ベトナム政府は若干譲歩し，福善施設の再設立を認可したのである。

4.　福善の理念と現実

では福善の理念とは何なのであろうか。これについて，「カオダイ教における福善と経済」という論文は以下のように述べている。「乞食が一軒の家のドアで物乞いをし，ある人が彼の手に何か置き，乞食は深く

174

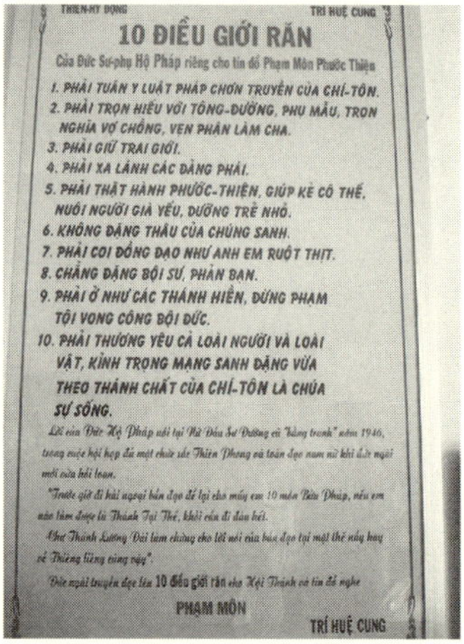

11 章　カオダイ教と福善―慈善・社会サービス―

お辞儀をして離れる。乞食が次の家の前に行き，しわがれて苦渋の声で慈悲を求め，また彼の手に何かを置き，それから乞食は離れた。二つの行為は物乞いと贈与に似ている，だが二つの行為はまだ福善 phước thiện ではない。お金や他者の一杯のお米を乞う者に，与えることは家の人々が完璧であることの名誉ある行為であり，汎愛に満ちた世評として賞賛され，乞食が蒙っている厳しい苦痛をまさに除去し，家の中で生活している人々が求められ悦にいる感覚を生じさせる。

写真11-1　十戒
(10 Điều Giới Răn, 2015)

　他人にお金を与えることは，善行ではない，動因となるものは善行という名誉を彼に与えことを望むために行動するからである。例え真に福善を行う人がお金を与え，人生においてそう呼ばれたとしてもまだ福善ではない」。真の精神的悟りがあるかどうかが主たる決定的要素であると指摘する (Thượng Màng Thanh, 2012)。

　いわば名誉欲に基づく善行ではなくて，精神的悟りが重要であると認識している訳である。このことは，梵門の「名誉を希望せず，赤十字のように高官としての冠を望まない信徒の脚となる」という点と見事に一致する。

　しかし，このような崇高な理念は，現実の慈善活動を行う信者にどの程度理解されるのであろうか。写真11-1は，タイニン派のビエンホアのカオダイ・タンバン聖室に掲示してある十戒である。表題の後，「徳師父護法が信徒に梵門福善について訓話した」とある。
1. 至尊の律法眞傳に遵依せねばならない。

175

第3部　歴史社会学的分析

2. 完全に宗堂と父母を敬い，夫婦の義を守り，父に忠誠しなくてはな
　らない。

3. 齋戒（菜食主義）を守ること。

4. 各党派には一線を画すること。

5. 真行福善，孤世の人々（孤独な世を送っている人）を援助すること。

6. 生けるものをできる限り，捕ってはならない（殺生の禁止）。

7. 同道を血を分けた兄弟のように見なすこと。

8. 友人を裏切る行為を，できるかぎり行ってはならない。

9. 各聖賢のように，範を立て，罪を犯さず，徳業に励むべきである。

10. 人間を熱烈に愛し，物を大切にし，生命を尊重し，人生の天主であ
　る至尊聖質に従ってできる限り適切であること。

（略）

梵　門

智　慧　宮

　ここには示されていることで，福善に関わることは，5の真行福善，
孤世の人々（孤独な世を送っている人）を援助することでしかない。他は
まさに戒律である。もしこの掲示のみで福善を理解するならば，崇高な
理念の真意を理解することは困難であろう。ただし，幸い教友（司祭）
などの職色からの訓話によって理解可能であると見なされる。またタイ
ニン派においては，梵門と福善が密接に結びついていることを了解でき
るのである。

5．カオダイ教と医療

1）カオダイ・カマウ・タイニン派の慈善・社会サービス活動
　最後に実際の福善活動として，ベトナム最南端のカマウ省（人口

1,216千人，2014年）の省都カマウ市（人口20万人）のケースを見ておきたい。カオダイ教徒は省人口の2.15％を占め，421人の職色と34の寺院を有する。カマウ市の中心，5坊に位置するカオダイ・タイニン派（13,020教徒）の聖室は1960年に建立された。注目されることは，ここのタイニン派が「すべての民衆が団結して地域の文化生活を構築しよう」と「新農村を建設」し，積極的に労働と生産に参加し，生計を発展させようという地方当局

写真11-2　タイニン　カマウ聖室

写真11-3　タイニン　カマウ診療所

の方針に呼応して宗教活動を実施し，カオダイ教の信者の物質的精神的生活が保障されるとともに地域の法と秩序，社会の安寧が向上したと評価されていることである。いわば肯定的に地域貢献に励む姿勢を読み取れる。

　また地域の慈善・社会サービスに積極的に関与し，2014年には，後述する診療活動で，10,261人の患者の検査と診療を実施し，7,039人の触診，34,301の無料投薬を行った。加えて仏教徒の慈善活動と一緒に近隣病院に132千個のお粥と577,210食の米飯給食の活動を担い，社会貢献の額は18億から19億ドンに達したのである（Trần Thanh Liêm）。

第3部　歴史社会学的分析

2）カオダイ・カマウ診療所

　さてカオダイ・タイニン・カマウ・5坊診療所は，2010年に設立され今日まで無料の診療活動を実施してきた。特に健康保険カードを購入できない貧困層や高齢者の関心を引き出している。貧困層が健康保険に加入するためには，45万ドンの費用が発生する。こうしたことから，当初と比べて患者は5倍に増加し，毎週日曜日の診療日には，200人以上になっている。実際，2016年8月21日に訪れた際には，7時に開始して8時5分の時点で呼び出し番号が90番に達しており，ざっと見渡しても150人はおり，200人以上というのは誇張ではなかった。彼らはすべてカオダイ教徒だといわれており，男性に比べて女性が多かった。

　患者はここで高血圧疾患の治療，胃痛，変形性関節症の痛み，副鼻腔炎，骨粗しょう症，無力症などの診察を受けるが，医療設備が制限されているため，X線検査や心電図測定などのためには，さらに民間診療を勧めている。診察を受けた患者は，隣接した薬局で投薬を受ける仕組みである。ある男性は，「薬は有料である」と筆者に語っていた。医師も看護師も病院勤務とは別に，ここで慈善活動に参加しているのである(Kim Há)。

　カオダイ・タイニン派への過去の評価は，前章で見たとおりだが，こうした評価とは別に現在カマウ5坊族道（họ đạo 教区 [CAO ĐÀI TỪ ĐIỂN, 2012]）のように，積極的に福善活動に関わる姿勢については，肯定的に評価されるべきであろう。

3）チャン・ホアン・タン看護師とカオダイ診療所

　ところでカオダイ・タイニン・カマウ・5坊診療所の無料化をめぐって以下の経緯が注目される。チャン・ホアン・タン（Tran Hoang Tan）看護師の経歴である。彼は2014年時点で84歳であったが21歳の時，フランスの支配に反対して，革命に参加した。1954年の休戦後，バクリ

178

ュウ省からカマウに転居し，共産党は彼にトイビン県のカオダイ教ミン・チョン・ダオ聖会で活動するよう指令した。革命闘争のなかでソクチャン省で逮捕され，その後チャンバイトイ県で活動した。1961年8ヶ月の看護師養成課程に入学し，終了後，カマウ省の軍民医療施設に従事した。1965年にケア部門の専門学校に学び，1968年のテト蜂起の際，アンスアン省の省病院で戦いに参加した。再度彼は逮捕され，その後南部の完全な解放まで南西部の医療施設で働いていた。

1993年に退職を決心した後も，彼は地域医療に参加して，人々の診療活動に貢献した。長期にわたる革命事業に関わった彼は，貧しい患者に仕えるという慈善事業に関わることを望んだのである。こうしてカオダイ・タイニン・カマウ・5坊診療所へと至ったのである。それまでの医療活動とカントー市の実践を踏まえて診療所を設立したグエン・ヒエン医師に無料化を相談して，困難な毎週日曜日の無料診療が実現したのである (VÕ SĨ HÙNG, 2014)[4]。

4 ）カオダイ・ミン・チョン・ダオ（明真道），ゴックサック（玉靫）聖座

ここで筆者は，チャン・ホアン・タン看護師が，トイビン県のカオダイ教ミン・チョン・ダオ聖会で活動していたことに注目したい。というのはカマウには，カオダイ・ミン・チョン・ダオのゴックサック聖座が存在しているからである。カマウ市中心部から12キロ離れた農村のトイビン県ホーティキ社にゴックサック聖座は立地している。ここで筆者は，驚くべき発見をし

写真11-4　明真道玉靫聖座

第3部　歴史社会学的分析

写真11-5　明真道福医院

た。ここに写真11-5のように診療所（福医院）が存在していたのである。

前章で見たようにミン・チョン・ダオは，インドシナ戦争で反仏反米を貫き，栄光の歴史を歩んできた。1929年玉掌法の地位にあったチャン・ダオ・クゥアンがタンロイ村（社）（現在のホーティキ社）にゴックサック聖室を建立した。しかし，1954年までに法王庁に当たる聖座へと変更した。1954年のジュネーブ協定後，福医院を開設し，診療，投薬など民衆に仕え，数万の患者を受け入れたのである。また聖会は，貧困層の援助のため50箱の漢方薬の薬箱を各族道（教区）に配置したのである。当時は，鍼治療と投薬の伝統医学であったようだが，1957年には南ベトナム政府軍の抑圧によって医師は南部に薬箱を移し，近隣の村で診療活動を行わざるを得なかった (Di tích lịch sử Tòa Thánh Ngọc Sắc; ĐỊA CHÍ CÀ MAU:Y HỌC CỔ TRUYỀN, 2008)。現在は，2016年8月時点で，診療所には医師がおり，1日5人程度の患者が通っている。

ミン・チョン・ダオは，2014年時点で，カマウ省全体で，23の族道（教区），12,585人の信者，人口の1.03％を占め，339人の職色がいる[5]。教団のモットーは，「教団を発展させ，人生の苦難を救済し，祖国に仕えよう」であり，カマウ，バクリュウ，ソクチャン，ケンザンを含めて，例えば2006〜2010年にかけて，家計の向上，貧困の緩和，橋や道路，貧困層の住宅，学校建設に加えて，伝統医療によるヘルスケアを行い，2014年度はカマウ省全体で30億ドン（約150万円）の寄付を実施した。

180

11章　カオダイ教と福善—慈善・社会サービス—

5）小括

このカオダイ・ミン・チョン・ダオの福医院の活動は何を意味しているのであろうか。第1に，カオダイ・タイニン・カマウ・5坊診療所の無料化に貢献したチャン・ホアン・タン看護師が，福医院の開設当時にミン・チョン・ダオ聖会で活動していたという事実である。当然タン看護師の脳裏に福医院の体験があったであろうということである。第2に，現に12km離れた農村の地に他の宗派の医院が，十全な設備ではなかったにしろ，存在するということは，タイニン・カマウ・5坊族道にとって無視できない現実であったに違いない。つまりタイニン・カマウ・5坊診療所の無料化には，直接にはカントー市の実践の影響だが，先行するミン・チョン・ダオの福医院の活動を考慮する必要があるということである[6]。

むすびにかえて

以上，カオダイ教と福善，慈善・社会サービスとの関わりについて，タイニン派を中心に見てきた。その結果，第1に，慈善・社会サービス（福善）機関は，信者を募集し，集合させ，決定を履行するための重要手段として浮上したという経緯があった。ただこの点は，特段タイニン派だけに固有な機能ではなくて，多かれ少なかれ全宗教・政治に内在している要素といえるのである。第2に，福善機関は，いわゆる福祉＝慈善活動の枠を超えるような幅広い社会サービスを提供し，1975年以前においては，宗教コミュニティの装置を形成していたことを確認できる。そして，その装置はその後解体し，再建しつつある。第3に，福善について，名誉欲に基づく善行ではなくて，精神的悟りが重要であるという崇高な理念が，現実の慈善活動を行う信者にどの程度理解されるの

第 3 部　歴史社会学的分析

かという問題がある。もちろん。これは福善だけではなくて，あらゆる
信仰というものに付きまとう問題であろう。最後に，カオダイ教と福
善，慈善・社会サービスとの関わりは，タイニン派だけではなくて，当
然ではあるが，それ以外の宗派の活動の解明が必要だという課題が浮か
び上がって来ると言えるのである。

注

1)　グエン・ビン・キエム（Nguyễn Binh Khiêm, 阮秉謙）は，15世紀から16世紀
にかけてのベトナムの役人，教育者，詩人である。ヒュー・ゴックは，ビクト
ル・ユーゴー，孫文に加えて，真偽はともかくK・マルクスをカオダイ教の哲
学的傾向として加えていた（Hữu Ngọc, 1998: 447）。

2)　教団内宗派としての「梵門」を，福善史の第1段階に位置づけるのが適切
かどうかは検討の余地がある。ブラゴフによれば，「梵門」が設立されたのは，
1930年であり，ファム・コン・タックは，私財を投じて祖先崇拝のために小寺
院を設置したことになっていると指摘する。しかし，「梵門」はロンスエンの農
地を含めて7カ所の商業施設を有し，タックの私腹を肥やすために教団の財産
を不正利用したことが問題となったのである (Blagov, 2001:81)。

3)　ここで注意すべきことは，タイニン派だけが，社会サービス＝慈善活動を実
施していた訳ではない。1960年代の中頃，中部のクアンチン市では，カオダイ
が小学校，高等学校，孤児院を運営していたし，ダナン市の計画には，孤児院，
社会文化センター，ダナン地域での最初の大学の設立が含まれていたという (US
Department of the Navy, Bureau of Naval Personnel, Chaplains Division, 1967: 103)。
この記述は，明白に中部から南部で地盤を有するカオダイ伝教聖会に関する記
述であった。

4)　無料診療所の設立者グエン・ヒエン医師は，「自分は貧困層の保健医療活動の
ため，省内での聖室での伝統医療を組織したが，しかし，人々には一層の援助が
必要だ」と述べている (Hai tấm lòng họ đạo, 2015)。

5)　カマウ省には，この他，639人信者を有するカオダイ・ティエン・ティエン
（先天）派がいる。

6)　福医院については，カオダイ・ミン・チョン・ダオ総管理事務所長タイ・
ロ・タイン教師，および高津茂星槎大学元教授のご教示を受けた。記して謝意
を表したい。

182

付論　『文明新学策』と『日本維新三十年史』

はじめに

　20世紀初頭のベトナムで，明治維新後の日本の近代化を伝達した文献の一つとしてあげられるのが中国語訳の『日本維新史』である。これは1902年発行の『日本維新三十年史』(廣智書局) のことだとみなされている。いわゆる改革派反仏植民地運動のリーダーであったファン・チュウ・チンがこれに接したのは，1904年のことである（白石，1993: 134）。最近，東遊運動のリーダー，ファン・ボイ・チャウが1905年ベトナムから日本への途上，香港で本書に接したのではないかという研究が発表された（グェン・ティエン・ルック，2015: 208）。この点については，今後のさらなる研究を待つこととしたいが，新しい知見として，実はファン・ボイ・チャウを含むベトナムの一部知識人達が1904年以前に『日本維新三十年史』の存在に気づいていた可能性があるのである。というのは，梁啓超が発行した『新民叢報』第11号（1902年）に「維新三十年史」に関する記述があるからである。

　そこでまず『新民叢報』第11号について言及しよう。それから本論の課題である20世紀初頭のベトナムにおける「近代化運動の唯一のハンドブック」と称される『文明新学策』と『日本維新三十年史』の関連について検討しよう。

第3部　歴史社会学的分析

1. 『日本維新三十年史』の全体像

1）『新民叢報』第11号と『日本維新三十年史』

　梁啓超が，中国語で発行した『新民叢報』第11号（1902［明治35］年
7月5日，光緒28年6月1日）の餘録に以下の記述があり，日本語訳を示
しておこう。

　「太陽」臨時増刊号の奠都三十年は著名な執筆者を揃えており，その
中に「明治三十年史」が含まれている。内訳は學術思想史，政治史，軍
政史，外交史，財政史，司法史，宗教史，教育史，文學史，交通史，産
業史，風俗史など12編からなる。編者は現代史に精通しており学会で
も最適な方々である。訳本名（改題）『日本維新三十年史』上海廣智書
局発行。

　このように『新民叢報』に『日本維新三十年史』が紹介されていたこ
とを考慮すると，この記事をを見たベトナムの知識人たちは，本書に是
非目を通したいと思ったことであろう。ファン・ボイ・チャウが，ベト

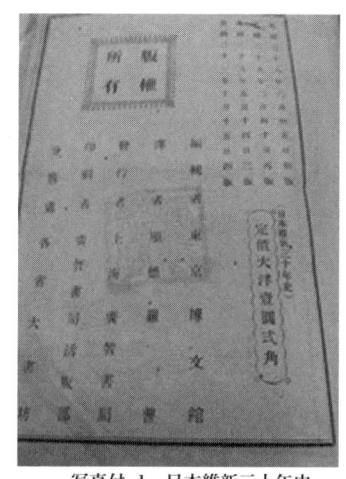

写真付-1　日本維新三十年史

ナムにいるとき読んだ『新民叢報』の
2，3編のなかに，偶然11号が含ま
れていたとすれば，香港で「維新三十
年史」に目を通したとしても不思議で
はない。

2）『日本維新三十年史』の全体像

　本論で取り上げる『日本維新三十年
史』は，廣智書局発行の1902年版で
はない。古同資訳，上海華通書局発行
の1931年版である。1903年版（再版）

付論 『文明新学策』と『日本維新三十年史』

と1931年版が同一であるのは，序や例言の一部で確認される。例言によると本書は，高山林次郎，姉崎正治など12名が執筆した博文館発行で明治維新30周年を記念した大祝典の明治30年史が原著であるという（古同資訳，1931: 1-2）。

　そこでこれに該当する『太陽』は，「臨時増刊　奠都三十年」博文館，第四巻第九號（1898[明治31]年5月）である。「明治三十年史」では，冒頭の総論を高山林次郎（樗牛）が執筆している。章立ては以下のようになっており，中国語訳の「日本維新三十年史」と比較すると一部異なるところがあるものの概ね重なっており，「明治三十年史」の中国語訳が『日本維新三十年史』であることは明白である。

日本維新三十年史	明治三十年史
第一編　學術思想史	第壹編　総論　高山林次郎
第二編　政治史	第二編　政治　鳥谷部銑太郎
第三編　軍政史	第三編　軍事　奥村信太郎
第四編　外交史	第四編　外交　松井廣吉
第五編　財政史	第五編　財政　森一兵
第六編　司法史	第六編　司法　宮川大壽
第七編　宗教史	第七編　宗教　姉崎正治
第八編　教育史	第八編　教育　長谷川誠也
第九編　文學史	第九編　文學　柳井録太郎
第十編　交通史	第十編　交通　坪谷善四郎
第十一編　産業史	第十一編　産業　鹽島仁吉
第十二編　風俗史	第十二編　社会　岸上操
附録　三十年間國勢進歩表	附録明治三十年間國勢一覧

第 3 部　歴史社会学的分析

2.　『文明新学策』と『日本維新三十年史』との関連性

　執筆者不明の『文明新学策』は，9章で見たように1904〜5年頃発行されたと推定されることから，理屈上は『日本維新三十年史』を踏まえていてもおかしくない。ではいかなる関連があるのであろうか。

　まず驚くべきことに『文明新学策』では，「日本について聞いたことはなかろうか。日本は過去三十年間西欧文明に同化（漢文：輸入欧州文明）して来た。今やその目標に到達した」(Anonymous, 1907: 152-53) と書かれているのである。これは偶然30年なのであろうか。どうして目標に到達したと言及できるのであろうか。まさに『日本維新三十年史』に目を通していたからこそ，30年と理解する方が素直ではなかろうか。

　さて『文明新学策』では，民衆の文化と知識を開発する可能性について検討した結果六つのことを明確化できたとして，以下を掲げている。(1)国語 (quốc ngữ) の使用，(2)書籍の校訂，(3)試験システム（科挙）の改定，(4)才能を鼓舞すること，(5)工芸の発展，(6)新聞の発行である。順次「維新三十年史」との関連を検討する。

写真付-2　莫都三十年

　(1)国語 (quốc ngữ) とは，17世紀に西欧の宣教師がアルファベットで表音文字を発明した現在のベトナム語のことである。20世紀以前は，漢語と漢字で表現したベトナム語である Nôm（チュノム，字喃）を使用していた。これに対して日本語の漢字仮名混ざり文は奈良時代まで遡ることが可能であり，まず事情が異なっている。『日本維新三十年史』の教育史では，明治25年当時，重きを置いた教育は，終身と国語であったことが書かれており，外国語は地方の情

186

付論 『文明新学策』と『日本維新三十年史』

況次第で加えてもよいと述べている（維新三十年史288頁，明治三十年史228頁）いわば読み書き能力の普及と向上を目指したことがわかる。「新しい文字」である国語 (quốc ngữ) を普及して文盲を減らす提案との間には，共通性を読み取れない。

ただ『文明新学策』には，「最近日本は独自の文字いろは（伊呂波）文字を作り出した。しかし，我々はまだ独自の文字がない」と書かれている（Anonymous, 1907: 146）。これは明らかな誤謬であるが，もし新体詩のことであるとすれば，以下のように『日本維新三十年史』の影響を伺える。すなわち，「詩歌の改良は小説の革新に先ちて唱えられ，且其緒に就きたりき，所謂新体詩はその結果なり。こは十五年の頃，外山正一，谷田部良吉，井上哲次郎諸氏の合著にかかる『新体詩抄』に初まる」。「新時代の思想感情は到底従来の長短歌によりて暢べ難きを識るに及び，是新体詩は遂に遍く行われ，是の自由なる形式に成るべく醇雅なる文字を用い，一面には新思想の発露に適ひ，他面には詩趣の微妙を保たむと務めたり」（維新三十年史304-305頁，明治三十年史243頁）。

(2)書籍の校訂では，どんな本が読まれ，あるいは読まれないかを決定するために，出版社を設立するべきある，と指摘した。しかし，ここでいう書籍の校訂，出版社の設立とは，出版社一般ではない。国語 (quốc ngữ) による概説書の出版社の設立を目指すべきであるという提案である。また(3)試験システム（科挙）の改定は，そもそもわが国では科挙制度を採用してこなかった訳であるから，これも直接的に影響があったとは見なせない。

『日本維新三十年史』では，行政官の任用ではなくて，政治史において官僚制について記している。すなわち「慶應四年三月五事の御誓に従って國是を定めてより，同閏四月廿一日，復官制を改め，三職八局を廃して，更に太政官中に，議政，行政，神祇，會計，軍務，外國，刑法の七官を置き，……要するに此の官制は，立法行政司法三権の併立を計る

第 3 部　歴史社会学的分析

写真付 -3　文廟門（ハノイ）

写真付 -4　文廟

に出でたるもの」であり，「七月八日又新に官制を定め，上級會議を罷め，公議所を廃し，行政官を以て太政官と為」（維新三十年史 25–26 頁，明治三十年史 30 頁）す，がそれである。あいにく明治 26 年に実施された「文官高等試験」についての記述はない。それゆえここでも関連性を見いだせない。

(4)才能を鼓舞することでは，基本官吏登用試験制度の改定と結びついているので，「維新三十年史」とは関わらない。ただ「欧米語を学べないことに関して，我々は公法・西洋法制史・教育機関・地図・数学などについての書を扱う学院を設立すべきである」と指摘した。もちろんベトナムにおいても伝統的教育制度や植民地教育があった。1070 年に文廟が開山され，1076 年には最古の大学といわれ，皇族と宮殿に使える官吏の子弟を教育する文廟国子監となった[1]。それは 1820 年にフエの国子監へと移動した。フランス植民地政府によって北部に初等学校が開設されたのが 1885 年，ベトナム革命の父，ホーチミンが通った国学院（Quốc Học）の開設が 1896 年であり，1902 年になって医薬大学と工業大学が開設された。

こうしたなかで「学院を設立すべき」というのは，私立大学の開設と

188

付論 『文明新学策』と『日本維新三十年史』

も専門学校の開設とも読める。そうであれば、「維新三十年史」では「吾人の特に注意すべきは，私立學校の盛んに興れる現象なり，所謂五大法律學校は二十一年に至りて特別認可學校と爲り，各数百の生徒を教育したり，又此傍らには，私塾の膨張したる慶應義塾ありて歐化主義を以って子弟を薫陶し，同人社ありて中村敬宇氏後進を導びけり，又京都には耶蘇教主義を執れる同志社あつて基督教的感化を施せり」（維新三十年史287頁，明治三十年史226頁）と論じられている。ベトナムにおいても私塾の伝統があり，「維新三十年史」との強い関連があるとは見なせない。

(5)工芸の発展では，工芸は，国家にとってきわめて本質的な要素であるので，立派な教師を採用し，モデルとして立派な製品を使用するために購入すべきであると提案し，さらに発明を奨励した。しかし，「維新三十年史」では産業の編があるものの，技術教育や試験場，発明に関する記述を教育編においても読み取れず，関連があるとは言い難い。

(6)新聞の発行では，首都であるフエに新聞社が創設されるべきで新聞の半分は国語で執筆され，半分は漢文で執筆されるべきであると提起した。ここでも国語での執筆に眼目がある。

「維新三十年史」の記述は，以下のとおりである。

　　社會の耳目，世運発達の機関とぞ目せらるる，

　　新聞紙及雑誌

とはいふものは，早く文久年間より，バタビヤ新聞，中外新聞，六合叢談など発刊されしが，明治元年以来二三年間には新聞と名のるもの

　　△中外新聞　△内外新聞　△遠近新聞

　　△新聞雑誌　△日要新聞　△日々新聞

　　△江湖新聞　△西洋新聞　△外國新聞

第 3 部　歴史社会学的分析

　　　△明治新聞　△都鄙新聞

など発刊せられ，是より同名異名の新聞，或いは仆れ或いは起りて，

遂に今日の

　　　△東京日々新聞　△日本　△讀賣新聞

　　　△時事新報　△報知新聞　△中外商業新報

　　　△萬朝報　　△毎日新聞　△東京朝日新聞

　　　△やまと新聞　△みやこ新聞　△國民新聞

　　　△中央新聞　△東京新聞（以上東京）等

となり，大阪には△大阪毎日新聞　△大阪朝日新聞などあり，京都

には△日出新聞等ありて，其他各縣下より北は北海道，南は臺湾に

至るまで，諸州の都會には，概ね一種乃至二三種の新聞を発行せざ

るはなきに至りぬ（維新三十年史 451 頁，明治三十年史 321 頁）。

　ここでは漢文で書かれた新聞が唯一『トンキン [大南] 同文日報』で
あったベトナムの新聞発行の現状と日本の新聞の盛況ぶりの違いが明白
に現れている。『文明新學策』の著者達は新聞発行のみならず，軍事・
教育・産業・社会など，あらゆる場面での国情の違いに驚嘆したに違い
ない。

3.　『日本維新三十年史』における福沢諭吉

　筆者は，９章でみたように梁啓超経由で福沢諭吉の影響が『文明新學
策』に現れているという見解を提示した。では『日本維新三十年史』に
おいては福沢諭吉がどのように論じられているのであろうか。そこで
「維新三十年史」を見ると福沢諭吉について論じられている所は以下の
４ヶ所である。

190

付論 『文明新学策』と『日本維新三十年史』

(1)斯くて先ず入り来れるものは，西洋主義なりき。こは一旦國を開きて西洋の事物に親しめば，見るもの，開くもの想いしに優りて驚かるるもの多かりければなるべし。

是主義を輸入するの縁となりし事情くさぐさあれども，朝にありては貴題高官の人々欧米諸国を視察し，帰りて彼邦の文物の我れの比に非ざるを唱へしど，野にありては福澤諭吉，中村正直（敬宇）などの諸学者が私学を開きて盛に洋学を世に拡めしとは，其最も直接の縁となりしならむか。就中福澤氏は，慶應年間より己に是目的の為に今日まで是年號の名を冠れる私塾を東京三田に開き，政治，道徳，風俗，習慣，一に西洋の功利學によりて子弟を訓へたるは，是主義の拡張にゆゆしき勢力なりき（維新三十年史2頁，明治三十年史3頁）。

(2)想へば日本の新文明が是の『三田の先生』に負ふ所如何ばかり大なりけむ。其説の中にまま奇矯にしてやや正経に遠かれるものも無きに非されども，病に應じて薬を與ふるの道としては，寧ろ其眼識の明を称うべきなり。『福澤全集』が明治の小歴史なりとの意も是邊りに存すべし（維新三十年史3頁，明治三十年史4頁）。

(3)吾人が是迄西洋主義，もしくは歐化主義として呼び來りしものの中に就て，審に是を検すれば，更に数種の小分派の対立を見るべきとなり。其最も旗幟の鮮明なるもの凡そ三あり。第一は英吉利流の功利主義にして，こは福澤氏を首めとして，すべてミル，ベンサム等の説に私淑するものの唱ふる所なり。

尤も根帯深く且勢力あるは，無論英吉利流の功利主義なり。然れども是主義は社会の實利にのみ注目し，政躰等に關する大問題に

第3部　歴史社会学的分析

は，比較的に冷淡なりき。

　　是民選議員の首唱者が福澤氏一派の功利論者に非ずして，主と
　して仏蘭西流の自由論者なりし所以なり（維新三十年史10頁，明治
　三十年史10～11頁）。

　(4)第三章　歐化時代　男女同権，自由結婚を唱道するもの多くな
　りて，社會の風潮は西洋心酔者を養成すること盛んなりき。森有禮
　氏が福澤諭吉翁を媒酌として，西洋式の婚禮を行い，妙齢の佳人が
　翠の黒髪をおし斬りて，和服に靴を穿ちて大道を闊歩し，僧侶は肉
　食妻帯の禁を政府より解かれて，圓顔ふり立てて梵妻と共に牛肉店
　頭に酔吟せるなど，要するに破壊時代の餘勢にして，歐化の先鞭た
　るなり（維新三十年史454頁，明治三十年史327頁）。

　(1)において，福沢諭吉が三田に（慶應義塾という）私学を設置し，政
治，道徳，風俗，習慣の諸分野で西欧の功利主義を普及したことが記
されている。(2)は明治日本の新文明が福沢に由来すること，『福澤全集』
が明治の歴史を刻んでいるとも読めることが書かれている。(3)では日本
に輸入された西洋思想が１，福沢達の功利主義，２，中江兆民，板垣退
助，大井憲太郎達のフランス自由主義，３，加藤弘之や海江田信義達ド
イツの国家学からなること。功利主義が実利を重んじ，（自由民権運動へ
と）展開する民選議院設立の動きは，フランス自由主義の主唱者達によ
って担われたことを理解できる。(4)では森有禮の西洋式による結婚の媒
酌人として福沢諭吉が担ったことが書かれている。

　いわばベトナム知識人達は，明治期日本の近代化に寄与した福沢諭吉
の貢献の大きさと実利を重んじたことを再認識したことであろう。しか
し，ここからは９章でみた文明―半開―野蛮という福沢の文明観を読み

192

付論 『文明新学策』と『日本維新三十年史』

取ることは不可能なのであり，文明観は梁啓超経由であることを再確認すべきである。

むすび

　以上，『文明新学策』と『日本維新三十年史』の関連について検討した。その結論としては，『文明新学策』の著者達は『日本維新三十年史』に目を通していたと見なすものである。目を通していたにもかかわらず，その内容ではほとんど関連性を見いだせない。それはフランス植民地下のベトナムの置かれた状況下で，科挙制度を改革し民衆に国語(quốc ngữ) を普及しようとする著者達にとっては，直ちに役には立たなかったものだからである。とはいえ軍事・教育・産業・社会など，あらゆる場面での国情の違いに驚嘆し羨望したことであろうと推定できよう。

　ところで改革派のリーダー，ファン・チュウ・チンは，日本から帰国後断髪と洋装を奨励し，東京義塾の演説会において福沢諭吉のスタイルを模倣した（橋本，2014: 202）。だが既に日本へ向かう以前に，『日本維新三十年史』を読んでいたチンは日本で断髪が流行していたことを知っていたはずである。すなわち「其初は明治四年の春の頃，府下常磐橋外なる某理髪店より起りけるが，是歳の末の頃より髪を斬るもの漸く多く(中国語：断髪)，当時は女子にも斬髪せしもの往々あり，かくて斬髪は男子一般の風となりて，例の招牌は水村山郭にまで及べり」(維新三十年史452頁　明治三十年史324頁) と書かれているからである。

　また演説會についても，それ「は頗る流行の一となりて，歐鳴社，共存同衆なんど起る」(維新三十年史454頁　明治三十年史327-328頁) と記載されていたので，興味を持ったことであろう。

　フランス植民地当局は，ベトナムで国語(quốc ngữ) を公式文字に据え，

193

第3部　歴史社会学的分析

その普及と植民地政策を啓発するためジャーナリズムを広めたという
(加藤，1995: 203-204)。『文明新学策』の提案は，ある意味フランス植
民地当局の上からの政策と呼応する面も有していたとはいえ，ベトナム
知識人による下からの近代化の実践として，大いに評価されるべきであ
る。

注
1)　小倉貞男は，文廟が1070年に建立されたという説に疑問を呈している（小
　　倉，2002: 70)。

あとがき

　1997年のベトナム訪問から，2015年8月の訪問でちょうど50回に達した。19年の間に，ハノイで客員教授1回，客員研究員を2回経験した。来年1月で満20年になる。時代がかったシクロが走り，スリと物売りとコールガールだらけであった旧サイゴン，ホーチミン市。奇形児を抱えたストリートチルドレン風の女の子にお金をせがまれ，ベトナム戦争の痕跡を目の当たりにした。私自身もスリに遭ったし，ハノイでは信号を守っていたにもかかわらず，バイク事故にも遭遇した。左脛から血が流れ閉口した。その時助けてくれたのが，外国語書店の女将であった。しかし，この書店は，ベトナム研究にとってきわめて重要だったものの，2010年から2011年の間に閉店した。「友達に大金を貸して逃げられた」と，2010年に嘆いていたので，その影響かもしれない。

　米の麺であるフォーが，一杯5,000ドン（50円）であった時代から，50,000ドン（約285円）も珍しくないほど，物価高は激しい。洗濯は手荒いが普通だった時代から，洗濯機が全国でも22.7％（2012年）の家庭に普及した。都市部では48.5％に達している。カラーテレビは全国でも97.3％の普及率である。2000年代中頃，高橋一得氏とハイフォンから乗った夜汽車から見える，煌煌と光る民家のテレビが，人々の娯楽を象徴していた。

　ホーチミン市だけでなく，近年ハノイにもロッテ資本の摩天楼が建設された。ハノイでは，ビンコム・メガモール・ロイヤル・シティという巨大地下ショッピング・モールとアパートも建設され度肝を抜かれる。この中にはアイススケート・リンクやウォーターパークもある。他

方，ホーチミン市では，日本資本による建設ラッシュであり，別の機会に論じたようにリトル・ジャパンがある（橋本・高橋，2014）。郊外にはイオン・モールができ，若者たちの娯楽の場ともなっている。今年7月30日には高島屋が開業した。観光用を除けばシクロはめっきり減少した。都市の激変と発展とはこういうものかということを眼前に知ることが可能である。

2016年6月，12年ぶりに中部ダナン市を訪問した。ダナン国際空港はすっかり新しくなり，静かだったチャム博物館の目の前の道路は，夜ともなるとライトアップされ激しい交通量であった。当時と変わらぬ静けさと荘厳さを保っていたカオダイ伝教聖会中興寶座ですら，韓国人旅行客のツアー・コースとなっていた。著名な日本人町ホイアンは，土曜日であったためか日本の観光地のような人の賑わいで，町の入り口が相当変わっていた。

良き研究仲間であった故藤田弘夫教授は，「古今東西の都市は巨大な建造物を誇った。その技術は今日なお人びとを驚嘆させてやまない。天空に聳える巨大な建造物は富と力を象徴する」（藤田，2008: 3）と述べたが，摩天楼やロイヤル・シティは，まさにドイモイ後の都市を象徴しているのかも知れない。

さて第1に，本書の《公共性》の部分は，元々藤田教授が研究代表者となった慶應義塾大学東アジア研究所のプロジェクト，「グローバリゼーションと東アジアの公共観の変貌」の一部として発表したものである。第2に，社会階層に関わる部分は，関東学院大学経済学部清晌一郎教授が始めた「『東アジアにおける安全保障の研究』プロジェクト」の成果であった。このプロジェクトに参加しなければ，社会階層や社会階級の分析には携わらなかったに違いない。第3に，東遊運動から東京義塾に関わる章は，国際日本文化研究センターとベトナム社会科学翰林院東北アジア研究所の共催シンポジウム「日越交流における歴史，社会，

あとがき

文化の諸課題」の報告に基づくものである。この報告書のベトナム語版
はハノイ国家大学出版社で刊行され，52回目の訪問で入手した。

最後に，本書のような学術書の出版が厳しい折，今回も快く出版を快
諾してくださったハーベスト社小林達也社長に心からお礼を申し上げた
い。

2016年10月

橋 本 和 孝

参考文献

Anonymous (1907), "A New Method to Study Civilization, " Truong Buu Lam (2000), *Colonialism Experienced: Vietnamese Writings on Colonialism, 1900-1931,* The University of Michigan Press, An Arbor.

Bao Ninh (1991=1993=1997), Than Phan Cua Tinh Yeu (*The Sorrow of War*), Secker & Warburg, London. （井川一久訳『戦争の悲しみ』めるくまーる）。

Beck, U (1986=1998), *Risikogesellschaft. Auf dem Weg in eine andere Moderne,* Suhrkamp Verlag (伊藤 美登里訳『危険社会 - 新しい近代への道』，法政大学出版局)。

Beck, U (2010), "Variety of Second Modernity and the Cosmopolitan Vision - JSS Annual meeting, Nagoya University, November 6th , 2010-"『第 83 回日本社会学会大会報告』2010 年 11 月 6 日。

Blagov, S. (2001), *Caodaism: Vietnamese Traditionalism and its Leap into Modernity,* Nova Sciences, New York.

Boudarel, G. and Nguyen Van Ky, 2002, *Hanoi: City of the Rising Dragon,* Rowman & Littlefield, Lanham.

Bùi Văn Hào (2012), Keio Gijuku ở Nhật bản và Đông Kinh Nghĩa Thục ở Việt Nam – Một cái nhìn so sánh, Nguyễn Tiến Lực (Tuyển chọn), Nhật bản và Việt Nam: Phong trào văn minh hoá cuối thế ki XIX Đầu thế ki XX, Nhà Xuất Bản Đại Học Quốc Gia TP. Hồ Chí Minh.

Castiglioni, F., Dewaele, L. and Nguyen Quang Vinh (2010), "Resettlement Issues of Informal Settlement Areas in Ho Chi Minh City: From Large-scale Programmes to Micro-projects," P. Gubry, F. Castiglioni, et.al. (eds.), The Vietnamese City in Transition, ISEAS, Singapore.

Cao Dai Tay Ninh Holy See, *Caodaism.*

CAO ĐÀI TỪ ĐIỂN, (2012), http://www.caodaism.org/CaoDaiTuDien%28v2012%29/cdtd-van_A.htm

Casault A. & Nguyễn Mạnh Thu et al., eds., 2006, *Comprendre L'habitat de Hà Nội,* Les Presses de l' Université Laval, Québec.

Centre for Studies in Caodaism, PHẠM CÔNG TẮC, http: //www.daotam.info/booksv/ tvr12dtdtcdcd11.htm, Sydney

Chùa Thần Quang, http: //www.thientam.vn/index.php?nv=News&at=article&sid=189

Chuong-Dai Hong Vo (2008) "Vietnamese Cinema in the Era of Market Liberalization," Sen, K. And L. Terence eds. *Political Regimes and the Media in Asia,* Routledge, Abingdon.

Cooperation between the Cities of Hanoi and Toulouse for the Safeguard of the Old Quarter,

2010, "Report on traditional crafts in Hanoi Old Quarter: Maintaing and Developing Traditional Crafts and Craft Streets in Hanoi's Old Quarter" http: //www.toulouse-hanoi. org/english/documentation-30/

Do, T. (2006) "Bargirls and Street Cinderella: Women, Sex and Prostitution in Le Hoan's Commercial films," *Asian Studies Review,* 30.

Do, T. & Tarr, C. (2008) "Outsider and insider views of Saigon/Ho Chi Minh City: The Lover/ L'Amant, Cyclo/Xích lô, Collective Flat/Chung cư and Bargirls/Gái nhảy," *Singapore Journal of Tropical Geography,* 29.

Do Thien Kinh (2004), *The Effects of Industrialization Upon Social Stratification and Social Mobility: Educational Inequality, Social Inequality and Social Mobility in Contemporary Vietnam,* Kwansei Gakuin University.

Đỗ Thiên Kính (2010), MỘT SỐ VẤN ĐỀ CƠ BẢN VỀ SỰ BIẾN ĐỔI CƠ CẤU XÃ HỘI Ở VIỆT NAM GIAI ĐOẠN 2002~2008, VIỆN XÃ HỘI HỌC, VIỆN KHOA HỌC XÃ HỘI VIỆT NAM.

Đỗ Thiên Kính (2012), HỆ THỐNG PHÂN TẦNG XÃ HỘI Ở VIỆT NAM HIỆN NAY, NHÀ XUẤT BẢN KHOA HỌC XÃ HỘI, HÀ NỘI.

Dương Thu Hằng(2010), Học - một giải pháp của hiện đại và văn minh, nhìn từ "Khuyến học" của Fukuzawa Yukichi và "Văn minh tân học sách" của phong trào duy tân Việt Nam, http: //khoavanhoc-ngonngu.edu.vn/home/index.php?option=com_ content&view=article&id=972: hc-mt-gii-phap-ca-hin-i-va-vn-minh-nhin-t-khuyn-hc-ca-fukuzawa-yukichi-va-vn-minh-tan-hc-sach-ca-phong-trao-duy-tan-vit-nam&catid=85: hi-tho-qua-trinh-hin-i-hoa-vn-hc&Itemid=147

Evertsz, H. (2000), *Popular Housing in Hanoi,* Cultural Publishing House, Hanoi.

General Statistics Office (2004), *Result of the Survey on Household Living Standards 2004,* Hanoi.

General Statistics Office (2010), *Result of the Survey on Household Living Standards 2008,* Statistical Publishing House.

General Statistics Office, (2014), *Result of the Viet Nam Household Living Standards 2012,* Statistical Publishing House, Hanoi.

Gobron, G. (1950=2008), *History and Philosophy of Caodaism,* Wildside Press, Rockville.

Gubry, P. , Le Thi Huong, et al., 2010, "Intra-Urban Mobility in Ho Chi Minh City and Hanoi," Gubry, P. et al. eds. *The Vietnamese City in Transition,* ISEAS, Singapore.

Hai tấm lòng họ đạo (2015),http://www.baocamau.com.vn/newsdetails.aspx?newsid=35821

Hashimoto, K. (2004), *Understanding Japan, Singapore and Vietnam,* Hokuseido, Tokyo.

Hashimoto, K. (2015), *A Sociological Analysis of Vietnamese Society,* GRIN Verlag, München.

Hashimoto, K. (2016), Tìm hiểu về Nhật Bản Singapore và Việt Nam, Sách Thái Hà, Hà Nội.

Heller, C.(1987), *Structured Social Inequality: A Reader in Comparative Social Stratification,* Second Edition, Macmillan, New York. 1987.

Hickey, G.C. (1960), *The Study of A Vietnamse Rural Community-Sociology,* Michigan State University Viet-Nam Advisory Group.

Hickey, G.C. (1964), *Village in Vietnam,* Yale University Press, New Haven.

Hoàng Bá Thịnh (2008) "Cơ cấu Xã hội," Phạm Tất Dong - Le Ngọc Hưng (đồng chu bien) Xã Hội Học, Ấn bản mới nhất, Nhà xuất bản Thế Giới, Hà Nội.

Hoàng Bá Thịnh, ĐẶC ĐIỂM CỦA DÂN SỐ HÀ NỘI TRONG THỜI KỲ CÔNG NGHIỆP HÓA, HIỆN ĐẠI HÓA, http: //tainguyenso.vnu.edu.vn/jspui/ bitstream/123456789/1756/1/20.rtf

Hanoi Times (2009), http: //en.baomoi.com/Info/Trang-Tien-Plaza--the-mall-is-about-to-change/3/28091.epi

hotels84.com, http: //www.hotels84.com/hn_hoankiem.htm

Hồ Trúc Bạch, http: //vietbao.vn/Kham-pha-Viet-Nam/Ho-Truc-Bach/80100163/151/

Hue-Tam Ho Tai (1983), *Millenarianism and Peasant Politics in Vietnam,* Harverd University Press, Cambridge.

Hue-Tam Ho Tai (1992), *Radicalism and the Origins of the Vietnamese Revolution,* Harvard University Press, Cambridge.

Hum Dac Bui, M. D. and Ngasha Beck, (2000), *Cao Dai: Faith of Unity,* Emerald Wave, Fayetteville.

Hữu Ngọc (1998), *Sketch For a Portrait of Vietnamese Culture,* Thế Giới Publisher, Hà Nội.

Hữu Ngọc (2004), *Wandering Through Vietnamese Culture,* Thế Giới Publishers, Hà Nội.

Hữu Ngọc và Borton, L. (2005), Phố cổ Hà Nội, Thế Giới Publisher, Hà Nội.

Hy V. Luong (2003), "Introduction: Postwar Vietnamese Society: An Overview of Transformational Dynamics," Hy V. Luong ed. *Postwar Vietnam: Dynamics of a Transforming Society,* Rowman & Littlefield Publishers, Lanham.

Hy V. Luong (2012), "Social Relations in Vietnam in the Era of Globalization: A Comparative Case Study of Rural Northern and Southern Vietnamese Communities," A. Kato ed., *GCOE Working Papers Next Genaration Research 71,* Kyoto University.

KHU ĐÔ THỊ MỚI THỦ THIÊM, http: //www.thuthiem.hochiminhcity.gov.vn/web/ guest/khudothi/tong-quan;jsessionid=6BECA74687D513FFFA66B900503EA76 6?p_p_id=EXT_ARTICLEVIEW&p_p_lifecycle=0&p_p_col_id=column-2&p_ p_col_pos=8&p_p_col_count=11&_EXT_ARTICLEVIEW_groupId=14&_EXT_ ARTICLEVIEW_articleId=67327&_EXT_ARTICLEVIEW_version=1.0&_EXT_

ARTICLEVIEW_redirect=%2Fweb%2Fguest

Koh, D. W. H. (2006), *Wards of Hanoi,* ISEAS, Singapore.

Kolko, G. (1997), *Vietnam: Anatomy of a Peace,* Routledge, London.

Lawman, N. (2008), *Illustarted Dictionary of Sociology,* Lotus Press, New Delhi.

Ministry of Planning and Investment, General Statistics Office eds. (2010), *Report on Labour Force Survey Vietnam 1/9/2009,* NHÀ XUẤT BẢN THỐNG KÊ, Hà Nội.

Logan, W.S. (2000), *Hanoi: Biography of a City,* University of South Wales, Sydney.

Morin, E. (1984=1990), *Sociologie,* Librarie Arthene Fayard, Paris.(浜名優美・福井和美訳『出来事と危機の社会学』法政大学出版局)

Minh Chi, Hà Văn Tấn, Nguyễn Tài Thư (1999), *Buddhism in Vietnam,* Thế Giới Publishers, Hà Nội.

Nguyễn Hữu Nhơn, TÌM HIỂU KHỐI GIAO LƯU CÁC HỘI THÁNH VÀ TỔ CHỨC: TRONG ĐẠI-ĐẠO TAM-KỲ PHỔ-ĐỘ, http: //liengiaohanhdao.com/lien-giao-hanh-dao/tong-ket-lghd/376-tim-hieu-khoi-giao-luu-cac-hoi-thanh-cao-dai-va-to-chuc-trong-dai-dao-tam-ky-pho-do-p1.html

Nguyễn Minh Quang (2005), *Religious Issues and Government Policies in Việt Nam,* Thế Giới, Hà Nội.

Nguyen Quang Vinh (1996), "Woman and Institutional Changes in a Developing Rural Area," K, Barry ed., *Vietnam Women in Transition,* Macmillan, London.

Nguyễn Quang Vinh (2009), Đi tìm sức sống các quan hệ xã hội (Ghi chép trên những dặm đường nghiên cứu xã hội học), Nhà xuất bản Khoa học xã hội, Hà Nội.

Nguyễn Quang Vinh (2010), Hồn Quê Việt: như tôi thấy..., Nhà xuất bản Đai học Quoc gia Hà Nội, Hà Nội.

Nguyễn Quang Vinh, Phan Văn Dốp, et.al. (2009), "An Interdisciplinary Application of Social Sciences Research Methods to the Study of Urban Poverty," Hy V. Luong ed., *Urbanization, Migration, and Poverty in A Vietnamese Metropolis,* NUS Press, Singapore.

Nguyễn Thanh Xuân, (2012), *Religions in Việt Nam,* Thế Giới Publishers, Hà Nội.

Nguyễn Thanh Xuân, (2015), "Caodaism," *Vietnamese Studies,* 198.

Nguyễn Tiến Lực (2008), Những Hoạt Động Của Phan Bội Châu Ở Nhật Bản (1905-1909), Nhà Xuất Bản Đại Học Quốc Gia TP. Hồ Chí Minh.

Nguyễn Vinh Phúc (2004), *Hà Nội: Past and Present,* Thế Giới Publisher, Hà Nội.

Nguyen Xuan Oanh (2000=2003), *The Making of Doi Moi: The New Economic Policy of Vietnam,* Nhà Xuất Bản Trẻ, Hochiminh City.（白石昌也監訳『ベトナム経済──21世紀の新展開──』明石書店）。

Nguyễn-võ Thu-huong (2008), *The Ironies of Freedom: Sex, Culture, and Neoliberal Governance in Vietnam,* University of Washington, Seattle.

Oliver, V. L. (1976), *Caodai Spiritism: A Study of Rligion in Vietnamese Society,* E. J.Brill, Leiden.

Phạm Quang Trung (2012), Giá trị mang tính lịch sử của "Văn minh tân học sách," http: // www.pqtrung.com/but-ky-van-hoc/gi-tr-mang-tnh-lch-s-ca-vn-minh-tn-hc-sch

Phạm Tất Dong-Lê Ngọc Hùng (đồng chủ biên) (2008), Xã Hội Học: Ấn Bản Mới Nhất, Nhà xuất bản Thế Giới, Hà Nội.

Rex, J. (1986), *Race and Ethnicity,* Open University Press, Milton Keynes.

Rex, J. and Moore, R.(1967), *Race, Community, and Conflict, A Study of Sparkbrook,* Institute of Race Relations, Oxford University Press, Oxford.

SÀI GÒN GIẢI PHÓNG English edition, 2011, http: //www.saigon-gpdaily.com.vn/ National/2011/7/94469/

SASAKI, http: //www.sasaki.com/project/139/thu-thiem-new-urban-area/

Scott J. and G. Marshall (eds.) (2009), *Oxford Dictionary of Sociology,* Oxford University Press, Oxford.

Smith, R.B. (1970=2009), *Pre-Communist Indochina,* Routledge, Abingdon.

SOM, http: //www.som.com/projects/saigon_south_master_plan

TẠ QUỐC TRI VÀ NGUYỄN THỊ THANH VÂN (2009), "NIỀM TIN TÔN GIÁO CỦA TÍN ĐỒ CAO ĐÀI TAY NINH," TẠP CHÍ KHOA HỌC XÃ HỘI, 127.

Tệ nạn xã hội chưa có dấu hiệu giảm,
http: //citinews.net/phap-luat/te-nan-xa-hoi-chua-co-dau-hieu-giam-ICDBEFA/

Thế Giới Publisher (1995), *VIETNAM,* Thế Giới Publisher, Hà Nội.

Tô Duy Hợp (2007), Khinh Trọng: Một Quan Điểm Lý Thuyết Trong Nghiên Cứu Triết Học Và Xã Hội Học, Nhà xuất bản Thế Giới, Hà Nội.

Tran My-Van (1996) , "Japan and Vietnam's Caodaists: A Wartime Relationship (1939-45)," *Journal of Southeast Asian Studies,* 27-1.

Trần Quang Minh & Ngô Hương Lan (đồng chủ biên), (2015), Các vấn đề lịch sử - văn hóa - xã hội trong giao lưu Việt Nam - Nhật Bản, Nhà xuất bản Đại học Quốc gia Hà Nội, Hà Nội.

Trần Thanh Liêm, Tôn giáo ở Cà Mau và những kết quả trong công tác từ thiện xã hội năm 2014, http://btgcp.gov.vn/Plus.aspx/vi/News/38/0/245/0/6967/Ton_giao_o_Ca_Mau_va_ nhung_ket_qua_trong_cong_tac_tu_thien_xa_hoi_nam_2014

Trần Văn Giàu (2013), "Phan Châu Trinh, the promoter of democratization," *Vietnamese Studies,* 187.

Trần Việt Trung (2002), Tệ nạn xã hỏi, Trịnh Duy Luận (chủ biên), Phát Triển Xã Hội Ở Việt Năm: Một Tổng Quận Xã Hội Học Năm 2000, Nhà Xuất Bản Khoa Xã Hội Học, Hà Nội.

Trinh Duy Luan (1997), "Hanoi: Balancing Market and Ideology," Won Bae Kim et al., eds., *Culture and the City in East Asia*, Oxford, New York.

Trinh Duy Luan (2002), "Sociology of Vietnam Some Guidelines for Further State and Development," *Vietnam Social Sciences*, 89-3.

Trinh Duy Luan (2010), "Sociology in Transitional Vietnam," *JCSS Newsletter*, 3.

Trịnh Duy Luân và Bùi Thế Cường (2002) "PHÂN TẦNG XÃ HỘI VÀ CÔNG BẢNG XÃ HỘI," Trinh Duy Luan, (chu bien), Phát Triển Xã Hội Ở Việt Nam: Một Tổng Quang Xã Hội Học Năm 2000, NHÀ XUẤT BẢN KHOA HỌC XÃ HỘI, HÀ NỘI.

Trinh Duy Luan and Nguyen Quang Vinh (2001), *Socio-Economic Impacts of "Doi Moi" on Urban Housing in Vietnam*, Social Sciences Publishing House, Hanoi.

Trinh Duy Luan and Nguyen Quang Vinh et al. (2000), "Urban Housing," P. Boothroyd and Pham Xuan Nam eds. *Socioeconomic Renovation in Vietnam*, ISEAS, Singapore.

Truong Buu Lam (2000), *Colonialism Experienced: Vietnamese Writings on Colonialism, 1900-1931*, The University of Michigan Press, An Arbor.

Văn Ngọc Lan and Trân Đan Tâm (2009), "Social Network and Status Attainment in the Life of City Dwellers," Hy V. Luong ed., *Urbanization, Migration, and Poverty in A Vietnamese Metropolis*, NUS Press, Singapore.

Vietnam Development Information Center (2004), *Vietnam Development Report 2004: Poverty*, Hanoi.

Vietnam Invest Review (2009), No.899, January 5. (http: //www.vir.com.vn/Client/VIR/index. asp?url=content.asp&doc=18032)

Viet Nam News (2008), July 18.(http: //vietnamnews.vnagency.com.vn/showarticle. php?num=03SOC180708)

Vietnam Stay.com, http: //www.vietnamstay.com/

VINASTAS (1998) HOI TIEU CHUAN VA BAO VE NGUOI TIEU DUNG VIET NAM: 1988-1998, VINASTAS, Ha Noi.

Vinh Sinh ed (2009), *Phan Châu Trinh and His Political Writings*, Cornell University, New York.

Vu Manh Loi (1991), "The Gender Division of Labour in Rural Families in the Red River Delta," R. Liljestrom and Tuong Lai eds., *Sociological Studies on the Family*, Social Sciences Publishing House, Hanoi.

Werner, J.S. (1981), *Peasant Politics and Religious Sectarianism: Peasant and Priest in the Cao Dai in Viet Nam*, Yale University Southeast Asia Studies, New Haven.

204

Wischermann, J and Ngueyen Quang Vinh (2003), "The Relationship between Civic and Governmental Organization in Vietnam: Selected Findings," B. J. T. Kerkvliet and D. W. H. Koh eds., *Getting Organized in Vietnam*, ISEAS, Singapore.

アジアネットワーク編（1995）,『ベトナム情報事典（増補二版）』ゑる文社.

アジアンバリューベトナム支局（2008）, ベトナム高級住宅開発事情――ホーチミン市2区――（http://jp.youtube.com/watch?v=gmqXLwk7M6A）

ケア・インターナショナル ジャパン,「ベトナム：HIV/AIDS と人権プロジェクト終了報告」http://www.careintjp.org/project/hivaids.html

「地球の歩き方」編集室編（2004）,『地球の歩き方 '04~'05 ベトナム』ダイヤモンド・ビッグ社.

「地球の歩き方」編集室編（2011）,『 地球の歩き方 ベトナム 2011 ～ 2012 年版』ダイヤモンド・ビッグ社.

藤田弘夫（2005）,「都市と社会の論理――批判の営みとしての社会学と主体への問い――」藤田弘夫・浦野正樹編『社会学のアクチュアリティ：批判と創造』8, 東信堂.

藤田弘夫（2008）,「都市社会計画の比較社会学」橋本和孝・藤田弘夫・吉原直樹編『アーバンソーシャルプランニングを考える II 世界の都市社会計画』東信堂.

藤田弘夫編（2008）,『英国・中国・日本における「公共性」に関する比較社会学的研究』文部科学省科学研究費報告書.

福沢諭吉（1978a）,『学問のすゝめ』岩波文庫.

福沢諭吉（1978b）,『新訂福翁自伝』岩波文庫.

福沢諭吉（1995）,『文明論之概略』岩波文庫.

古田元夫（1999）,「経済成長と社会変動――日本ベトナムの比較研究――」『関東学院大学文学部紀要』第 85 号.

古田元夫（2009）,『ドイモイの誕生』青木書店.

グエン・ゴク・ホア「カオダイ教の歴史（一）（二）（三）（四）」http://pandora.nla.gov.au/pan/10190/20080404-1042/www-personal.usyd.edu.au/_cdao/booksv/pdf/KaodaiKyoNoRekishi.pdf

グエン・ティエン・ルック（2015）,「19 世紀末から 20 世紀初頭におけるベトナム知識人の日本の近代化についての認識」劉建輝編『日越交流における歴史，社会，文化の諸問題』国際日本文化センター.

ハノイ国家大学人文社会大学歴史学科・東京大学大学院アジア文化研究専攻「踏査調査総合報告 ハノイ市ホアンキエム区 歴史・文化史跡」http://area.net.cias.kyoto-u.ac.jp/hanoidb/N/index.html

橋本和孝（1986）,「すすむ"脱工業化"と"貧困化"——階級構成の変動を読む——」
　『所報』4-12，東京自治問題研究所．

橋本和孝（1996）,「生活と空間の社会的調整」吉原直樹編『21世紀の都市社会学　第
　5巻　都市空間の構想力』勁草書房．

橋本和孝（2000）,「社会開発・コミュニティ政策」仲村優一・一番ヶ瀬康子編『世界
　の社会福祉』7，旬報社．

橋本和孝（2002）,「地域社会研究における《公共性》の論議をめぐる諸局面」地域社
　会学会編『地域社会学会年報』第14集，ハーベスト社．

橋本和孝（2003）,「ベトナム——市場経済化と社会変動——」『現代社会の構想と分
　析』第1号（橋本和孝『アジアで考え地域で考える』ハーベスト社，2006年再
　収）．

橋本和孝（2006）,『アジアで考え地域で考える』ハーベスト社．

橋本和孝（2010）,「ベトナムにおける《公共性》——戦争・都市・市場経済——」藤
　田弘夫編著『東アジアにおける公共性の変容』慶應義塾大学出版会．

橋本和孝（2011）,『地域社会研究と社会学者群像——社会学としての闘争論の伝統
　——』東信堂．

橋本和孝（2013）,「ベトナム東遊運動と横浜中華街」http://bungaku.kanto-gakuin.
　ac.jp/modules/news/article.php?storyid=352

橋本和孝（2014）,「東遊運動と東京義塾——ベトナム・アンチ・コロニアリズムとレ
　スプロシティー——」矢嶋道文編『互恵関係（レスプロシティー）の国際交流』
　クロスカルチャー出版．

橋本和孝・速水聖子・高橋一得（2005）,「ハノイ近郊農村の高齢者生活——ソクソン
　県ダンタオ村のケース——」『関東学院大学文学部紀要』第104号．

橋本和孝・高橋一得（2014）,「ベトナムの中の日本——日本のグローバリゼーション
　の一例・再論——」『関東学院大学文学部紀要』第129号．

石川禎浩（1999）,「梁啓超と文明の視座」狭間直樹編『共同研究　梁啓超』みすず書
　房．

岩見元子（1996）,『ベトナム経済入門』日本評論社．

伊藤まり子（2003）,「カオダイ教・ハノイ聖室の形成と歴史的変遷」『ベトナムの社会
　と文化』第4号．

伊藤まり子（2012）,『カオダイ教ハノイ聖室の民族誌的研究——ベトナム北部地域の
　都市における女性たちの関係——』総合研究大学院大学．

川尻文彦（2010）,「近代中国における『文明』——明治日本の学術と梁啓超——」国
　際日本文化研究センター編『東アジア近代における概念と知の再編成』

川本邦衛（1966）,「潘佩珠著作解題——年代順——」潘佩珠『ヴェトナム亡国史他』

平凡社.

京都大学東南アジア研究所ハノイ都市研究総合データベース http: //www.cseas.
　　kyoto-u.ac.jp/database/database_ja.html#hanoi

皆川一夫（1997),『ベトナムのこころ』めこん.

宮沢千尋（2009),「ベトナム南部メコン・デルタのカオダイ教の政治化と軍事化」
　　宮沢千尋編『社会変動と宗教の〈再選択〉――ポスト・コロニアル期の人類学
　　的研究――』風響社.

桃木至郎（1995),「社会主義農村の変化と伝統」坪井善明編『アジア読本　ヴェトナ
　　ム』河出書房新社.

桃木至朗（2000),「近世ベトナム王朝にとっての『わが国』」木村汎・グエン - ズイ -
　　ズン・古田元夫編『日本・ベトナム関係を学ぶ人のために』世界思想社.

桃木至朗・高田洋子（1995),「ベトナムができるまで」桜井由躬雄『もっと知りたい
　　ベトナム　第2版』弘文堂.

西山八重子（1986),「都市資源の管理――福祉国家の都市自治――」吉原直樹・岩崎
　　信彦編著『都市論のフロンティア』有斐閣.

野村浩一（1964),『近代中国の政治と思想』筑摩書房.

大岩誠（1941a),「カオダイ教　一　成立過程」『新亜細亜』第3巻第3号.

大岩誠（1941b),「カオダイ教　二　その教理」『新亜細亜』第3巻第4号.

大岩誠（1941c),「カオダイ教　三　祭式・宗律・組織」『新亜細亜』第3巻第5号.

小倉貞男（2002),『ヴェトナム歴史の旅』朝日新聞社.

小倉貞男（2004),『物語ヴェトナムの歴史』再版，中公新書.

大橋隆憲（1971),『日本の階級構成』岩波新書.

大久保武（2001),「ヴェトナム・ディープウオッチング」『東京農業大学農経会誌』第
　　22号.

大久保武（2008),「ホーチミン」橋本和孝・藤田弘夫・吉原直樹編『アーバンソーシ
　　ャルプランニングを考える II 世界の都市社会計画』東信堂.

太田省一（2005),「ベトナム ハノイ・サイゴンの都市住宅」『アジア遊学』80.

梁啓超（1972),「自由書」『飲冰室専集』(三) 台湾中華書局.

廬守助（2005),「梁啓超の『新民』の理念」『現代社会文化研究』新潟大学，No.33.

桜井由躬雄（1999),「村落」石井米雄監修『ベトナムの事典』角川書店.

渋谷節子（2000),「メコンデルタ・カントー省の家族と社会：農村の家族生活の概観
　　を中心に」ベトナム社会文化研究会編『ベトナムの社会と文化』2，風響社.

鐘雲鶯・阮清風（2010),「三期普渡與三教融合的他域視野――以越南高台教的教義思
　　想為例――」『世界宗教學刊』第十六期，南華大學宗教學研究所.

白石昌也編著（2000),『ベトナムの国家機構』明石書店

鈴木千鶴子 (2001),「ベトナム――NGO の NGO によるコントロール――」重富真
　　一編著『アジアの国家と NGO ―― 15 カ国の比較研究――』明石書店.

高津茂 (2010),「チャン・ダオ・クゥアン (Tran Dao Quang) とカオ・ダイ・ミン・チョ
　　ョン・ダオ (Cao Dai Minh Chon Dao) の形成過程」『アジア文化研究所年報』45 号.

高津茂 (2011)「二つの抗戦期に見るカオダイ教タイ・ニン聖座派と愛国諸派の民族
　　的共生への動きの対比」『共生科学』第 2 巻。

高津茂 (2012),「カオダイ・ティエン・ティエン（先天 Tien Thien）派の創設過程」
　　『アジア文化研究所年報』47 号.

高津茂 (2014),「カオダイ真理聖会 (Hội Thánh Cao Đài Cho'n Lý) の聖室 (Thánh Thất)
　　について」『アジア文化研究所年報』48 号.

高津茂 (2015),「カオダイ教におけるフォ・ロアン (Phò loan) とサイ・バン (Xây
　　bàn) ――カオダイ教形成過程におけるサイ・バンを中心として――」『人文学
　　報』第 108 号.

坪井善明編 (1995),『暮らしがわかるアジア読本　ヴェトナム』河出書房新社.

坪井善明 (2002),『ベトナム現代政治』東大出版会.

『文明新學策・Văn minh tân học sách』
　　http: //lib.nomfoundation.org/collection/1/volume/1127/page/1

宇野公一郎 (1979),「『宝山奇香』試探：ベトナム宗教運動研究(1)」『民族学研究』第
　　43 巻第 4 号.

渡辺憲正 (2016),「福沢諭吉における国権拡張論への『転換』根拠」大内憲昭・渡辺
　　憲正編著『東アジアの政治と文化 ―― 近代化・安全保障・相互交流史――』明
　　石書店 .

やすいゆたか (2010),「康有為の変法自彊運動」http: //www42.tok2.com/home/
　　yasuiyutaka/chinashisoushi/22kooyui.htm

吉原直樹 (2007),『開いて守る - 安全・安心のコミュニティづくりのために -』岩波
　　書店.

吉原直樹 (2011),『コミュニティ・スタディーズ』作品社.

吉澤南 (1999),『ベトナム戦争―民衆にとっての戦場』吉川弘文館.

初出一覧

はしがき 「ベトナムにおける《公共性》―戦争・都市・市場経済―」藤田弘夫編著『東アジアにおける公共性の変容』慶應義塾大学出版会，2010年，その1節を大幅に加筆修正。

序章 「ベトナムにおける《公共性》―戦争・都市・市場経済―」藤田弘夫編著『東アジアにおける公共性の変容』慶應義塾大学出版会，2010年，その2節から5節，7節の一部からむすびにかえてまでを改稿。

1章 原題「ベトナムにおける歴史的社会階層研究への接近」『関東学院大学文学部紀要』第123号，2011年。

2章 原題「ベトナムにおける社会階層の現実」清晌一郎・渡辺憲正編『「東アジアにおける安全保障の研究」プロジェクト報告書』関東学院大学総合研究推進機構，2011年。

3章 原題「ベトナムにおける住宅と社会階層」清晌一郎・渡辺憲正編『「東アジアにおける安全保障の研究」プロジェクト2011年度研究報告書』関東学院大学総合研究推進機構，2012年。

4章 原題「ベトナムにおける社会階層論の検討と再構成」『関東学院大学文学部紀要』第125号，2012年を改稿。

5章 原題「ベトナム映画『バーガール』の社会学的検討」『関東学院大学文学部紀要』第131号，2014年。

6章 書き下ろし

7章 原題「ハノイ中心部と旧市街―空間的特性―」『地域社会学会年報』第24集，ハーベスト社，2012年を改稿。

8章 原題「ハノイ神光寺の漢越語について―歴史社会学序説―」『関東学院大学文学部紀要』第115号，2009年。

9章 原題「東遊運動から東京義塾へ―『文明新学策』を中心として―」

劉建輝編『日越交流における歴史，社会，文化の諸問題』国際日本文化研究センター，2015年。

10章　書き下ろし

11章　書き下ろし

付論　書き下ろし

索引（人名・事項）

人名索引

あ行
姉崎正治　185
板垣退助　192
ヴァン・ゴック・ラン　104
ウェーバー，M.　6, 57, 59, 60, 64
宇野公一郎　152, 207
大井憲太郎　192
大久保武　96, 99, 121, 127, 206
小倉貞男　30, 32, 56, 118, 134, 135, 152, 194, 206
オリバー，V.　160

か行
ガース，H.　60
海江田信義　192
カオ・チュウ・ファット　159
加藤弘之　192, 194
北澤直宏　166
ギデンズ，A.　7
グエン・アイ・コク（ホーチミン）158
グエン・アン・ニン（阮安寧）158
グエン・クエン（阮權）141
グエン・クォン・ヴィン　53, 54
グエン・ゴク・ホア　156, 157, 158, 160
グエン・ビン・キエム　170, 182
グエン・ボー・ツー・フォン　82, 92
グエン・ミン・クアン　164
グエン・ミン・コーン　133, 136
阮友勲（グエン・フー・ファン）152
クオン・デ（畿外候）151
洪濤（コー・トウ）131
康有爲（コウ・ユウイ）138
ゴ・ディン・ジェム　167
ゴ・バン・チュー（呉文昭）152, 155, 159, 167

さ行
スペンサー，H. 143
スミス，A. 148, 152
スミス，R. B. 148, 152
スメルサー，N. J. 59
清眴一郎 196, 208
孫文 170, 182

た行
高津茂 165, 167, 168, 182, 207
高橋一得 14, 127, 195, 196
高山林次郎 185
丹下健三 113
チャン・ダン・タム 104
チャン・フイ・リュウ 137
チュオン-ダイ・ホン・ボー 90
チン・ドゥイ・ルオン 53
坪井善明 8, 21, 22, 48, 206, 207
デュルケーム，E. 57
トー・ズイ・ホップ 6
ドー・ティエン・キーン 27, 28, 29, 30, 31, 32, 33, 35, 38, 42, 43, 45, 58, 62,
　　　67, 68, 75, 76, 77, 95

な行
中江兆民 192
中村敬宇 189, 191

は行
バオ・ニン 22
ヒッキー，G. C. 162, 167
ヒュー・ゴック 127, 182
ファム・コン・タック 156, 159, 162, 168
ファム・タト・ゾン 57
ファン・チュウ・チン（潘周楨）137, 138, 139, 140, 148, 151, 158, 183, 193
ファン・バン・チュオン 137
ファン・ボイ・チャウ（潘佩珠）137, 138, 139, 140, 141, 151, 183, 184
ブイ・クアン・チュウ 137
フィッシャー 57
ブイ・テ・クオン 61, 62, 63, 64, 67, 77

212

ブイ・バン・ハオ　150
フエ-タム・ホ・タイ　152
福沢諭吉　8, 141, 142, 148, 149, 150, 190, 192, 193, 207
藤田弘夫　37, 131, 196, 206
ブラゴフ，S.　165, 182
ベック，U.　37
ヘラー，C.　60, 77
ホアン・バ・ティン　58, 60, 61, 72, 77
ホーチミン　5, 6, 7, 8, 9, 12, 16, 17, 19, 21, 23, 52, 53, 55, 68, 69, 70, 71, 72,
　　　　73, 74, 85, 89, 90, 93, 95, 96, 98, 99, 100, 101, 103, 105, 109, 110,
　　　　112, 113, 115, 116, 118, 127, 137, 158, 166, 167, 188, 195, 196, 206
ホ・ホアン・ホア　131

ま行
マルクス，K.　7, 33, 34, 57, 58, 60, 153, 182
ミルズ，C. W.　60, 113
ムーア，R.　47
桃木至朗　30, 31, 134, 206
モラン，E.　81
森有禮　192
モンテスキュー，C. L.　143

や行
矢嶋道文　131
ユーゴー，V.　170, 182
吉原直樹　106, 121, 206, 207

ら行
リ・タイトー（李太祖）116
梁啓超（リョウ・ケイ・チョウ）138, 139, 148, 183, 184, 190
ルオン・ヴァン・カン　140, 141
ルソー．J. J.　143, 149
ルフェーブル，H.　57
レヴィ＝ストロース，C.　6
レ・ゴク・フン　57
レックス，J.　47
レ・バン・チュン　156, 159
レ・ホアン　90
レ・ロイ（黎利）116, 118

事項索引

あ行
アオザイ　82, 86, 87, 90, 91, 92
新しい労働者階級　28, 29, 35
安全保障　37, 196, 207
アンダーグラウンド　89
位階制　33, 156
インドシナ　5, 11, 12, 13, 32, 33, 45, 164, 168, 172, 180
インフォーマルセクター　54
インフラストラクチャー　67
衛星都市　108, 109
SSM 調査　7, 27, 38
越僑　85, 86, 87, 88, 91, 92
HIV　82, 83, 87, 88, 90, 91
越日国交回復　138
エリート　36, 155, 156
甌貉（オウラク）11
ODA　115

か行
階級構成　8, 68, 75, 76, 77, 206
街娼　16
カインハウ　162, 163
カオダイ救国　159, 164, 165
カオダイ教　8, 151, 152, 153, 154, 155, 156, 158, 159, 162, 163, 164, 167,
　　　168, 169, 170, 171, 174, 176, 177, 178, 179, 181, 182, 206, 207
科挙　139, 140, 144, 145, 147, 149, 186, 187, 193
学院　27, 96, 99, 127, 131, 146, 161, 174, 188, 196
合作社　33, 34, 36, 70
北ベトナム　13, 22, 167
機能主義　7, 59
九院　174
旧市街　7, 8, 20, 73, 115, 118, 122, 123, 122, 125, 126, 127, 136, 141
共産党　21, 36, 73, 113, 179
囎道派（ラインダオハ）152
共同性　13, 14, 20, 21, 22, 162
キン族　5, 92
Khinh Trọng　6

索　引

勤王運動　139

グエン（阮）朝　116

グローバリゼーション　106, 109, 196

慶應義塾大学　131, 140, 196

ゲーテッドコミュニティ　106, 112

行為理論　7

公共性　7, 11, 12, 13, 18, 19, 20, 21, 22, 196

工芸　122, 127, 133, 136, 144, 146, 147, 186, 189

構造主義　7

抗仏活動　159

抗米救国　13, 164

コールガール　195

国学院（Quốc Học）　148, 188

国語（Quốc Học）　8, 141, 144, 145, 146, 147, 149, 161, 172, 183, 184, 185,
　　　　186, 187, 189, 193, 195

国際日本文化研究センター　196, 207

五社通り　122, 133

国家学　192

護法　151, 156, 159, 162, 168, 172, 174, 175

コミュニティ志向アプローチ　101, 104

コミュニティ・センター　164

コミュニティ装置　160, 162, 164, 166, 174

コミュニティ・ディベロップメント　100, 103

さ行

菜食主義　155, 158, 163, 174, 176

三教同源　135, 170

三教融合　170, 206

36 通り　20, 122, 123, 122, 126, 136

ジェントリフィケーション　98, 109, 112

シクロ　54, 84, 195, 196

ジニ係数　37

資本家　29, 32, 33, 75, 76

社会悪　89, 90, 91

社会学研究所　6, 27, 38, 122

社会学的想像力　113

社会関係資本　102, 103, 104

社会主義的知識人　33, 34

社会正義　60, 61, 63, 64, 66

215

社会的ネットワーク 104

住宅階級論 47

受苦圏 20

十戒 175

ジュネーブ協定 12, 165, 180

書籍の校定 144

ショッピングモール 95, 121

ジレンマ 7

白いキリスト像 93

神光寺 8, 131, 132, 133, 134, 135

新自由主義 65, 105, 106

新都市地区 98, 99, 105, 106, 107, 108, 109, 110, 111, 112

新聞社 146, 189, 206

新民叢報 183, 184

スクォッター 53

ストリート・シンデレラ 81, 82, 92, 93

ストリートチルドレン 195

性善説 14

聖俗モデル 6

世界資本主義 33, 105

世界都市 108

セルフ・ヘルプ・アプローチ 101, 103

千年王国主義 152, 158

先富論 56, 64, 102

祖国戦線 21, 23, 164

祖先崇拝 163, 169, 182

村落共同体 30, 153

た行

大道三期普度 153, 156, 157, 167, 170

タイニン派 153, 156, 157, 162, 163, 164, 165, 166, 167, 168, 169, 171, 172, 175, 176, 177, 178, 181, 182

太陽 33, 34, 184, 185

ダンタオ村 14, 35, 48

断髪 140, 193

タンロン 116, 117, 118, 123

チャンテイエン・プラザ 121

チュクバック湖 8, 55, 131, 132, 133

ツーティエム 7, 98, 99, 105, 107, 108, 109, 110, 111, 112, 113

索　引

亭　13, 127, 133, 136, 149, 163
ティエン・ティエン派　163, 165, 167
ディエン・ビエン・フー　12
テト　14, 22, 179
天眼　154, 155, 156, 160, 163, 170, 171
真武観（デン・クアンタイン）　55
ドイモイ　14, 23, 29, 34, 35, 36, 45, 61, 121, 122, 169, 174, 196
東京義塾（Đông Kinh Nghĩa Thục）　8, 137, 138, 140, 141, 149, 150, 193, 196
闘争理論　7, 59
東遊運動　137, 139, 140, 149, 151, 183, 196
独立運動　8, 138, 139
都市社会学　7, 8, 47, 95, 96, 97, 99, 166
土地の使用権　19, 47, 48
ドミノ理論　22
トンキン［大南］同文日報　190
トンキン湾事件　12
ドンコイ・ストリート　212

な行
日本維新三十年史　8, 150, 183, 184, 185, 186, 187, 190, 193
日本軍　12, 151
ニュータウン　107, 110
ニュー・ミドルクラス　95
ニュックマム　132

は行
ハイフォン　35, 116, 146, 195
バオカップ　32, 33, 34, 35, 36, 44, 45
ハタイ　69, 115, 117
バリアフリー　17
半永久住宅　50, 52
ハンザ通り　122
バンダリズム　21
バン・チン・ダオ　159, 162, 163, 165, 166, 167, 168
ハンドン通り　122, 133
ハンバック通り　122
VINASTAS　23
丙午軒（ビンゴウヘン）　139
ビンコム・メガモール・ロイヤル・シティ　195

217

貧困　8, 17, 34, 35, 42, 43, 44, 51, 55, 56, 61, 62, 63, 65, 66, 67, 81, 96, 98, 99, 100, 101, 102, 103, 104, 107, 113, 167, 178, 180, 182

貧困緩和計画　100

貧困率　103, 104, 113

瓶の首　19

VHLSS　28, 39, 40, 41, 42, 52, 68, 77

フーミンフン　109, 110, 113

福医院　180, 181, 182

福善　160, 161, 166, 167, 169, 171, 172, 173, 174, 175, 176, 178, 181, 182

福善機関　160, 171, 172, 173, 181

富裕層　27, 42, 43, 51, 52, 62, 63, 64, 77, 101, 104, 106

フランス自由主義　192

ブンタウ　85, 93

文廟（ブンビョウ）　30, 188, 194

文明開花　147

文郎国　11

閉塞点　142, 143

ベッドイン　86

ベトナム共産党　21, 159, 164

ベトナム近代化運動　138

ベトナム社会科学瀚林院　6

ベトナム戦争　13, 22, 33, 164, 165, 195, 207

ベトナム民主共和国　12, 32, 116

ベトミン　12, 159, 164, 165

弁証法　7, 61

ホアハオ教　8, 151, 169

ホアンキエム湖　118, 121, 122, 126

坊　84, 111, 113, 122, 127, 162, 177, 178, 179, 181

宝山奇香（ブー・ソン・キイ・フーン）　152, 158, 207

ホーチミン市社会科学院　96

北人　143, 146

戊戌の変法（ボジュツのヘンポウ）　148, 149, 150

ホテル・コンチネンタル・サイゴン　82

ホワイトカラー　40, 72, 73, 77

梵門　157, 159, 172, 175, 176, 182

ま行

Ma（幽霊）街区　53, 99

摩天楼　195, 196

索　引

南ベトナム解放民族戦線　12, 13, 56, 164
ミン・チョン・ダオ　159, 165, 179, 180, 181, 182, 207
ミン・チョン・リィ派　163
無階級社会　34, 58
「むら」の復活　14, 22
物売り　16, 17, 122, 195

ら行
落書き　20, 21, 23
リスク社会　37
リトル・ジャパン　196
ルサンティマン　21
ロッテ　195
露店　16, 54, 84

わ行
ワーキング・プア　66

著者略歴

橋本和孝（はしもと　かづたか）
1951 年 東京に生まれる
1973 年 法政大学社会学部卒業
1995 年 博士 (社会学) 取得，名古屋大学
　国民生活センター調査役補佐，福島大学経済学部助手，同行政社会学部助教授，
関東学院大学文学部教授，ベトナム国家人文社会科学センター・日本研究センター
客員教授，社会学系コンソーシアム副理事長，地域社会学会会長などを歴任。
現在 関東学院大学社会学部教授

主要著書
『消費者論の視角』(1984 年，時潮社)
『生活様式の社会理論 増補版』(1994 年，東信堂)
『ソーシャル・プランニング』(1996 年，東信堂)
Understanding Japan, Singapore and Vietnam, 2004, Hokuseido.
『アジアで考え地域で考える』(2006 年，ハーベスト社)
『シンガポール・ストリート—超近代都市を見つめて』(2010 年，ハーベスト社)
『地域社会研究と社会学者群像—社会学としての闘争論の伝統』(2011 年，東信堂)
A Sociological Analysis of Vietnamese Society, 2015, GRIN Verlag.

失われるシクロの下で——————————————
ベトナムの社会と歴史

発　行 ——2017年2月16日　第1刷発行
定　価 ——定価はカバーに表示
　©著　者 —橋本和孝
　　発行者 —小林達也
　　発行所 —ハーベスト社
　　　　〒 188-0013　東京都西東京市向台町 2-11-5
　　　　電話　042-467-6441
　　　　振替　00170-6-68127
　　　　http://www.harvest-sha.co.jp
印刷—㈱平河工業社・製本—㈱新里製本所
落丁・乱丁本はお取りかえいたします。
Printed in Japan
ISBN4-86339-082-9 C1036
© HASHIMOTO Kazutaka, 2017

本書の内容を無断で複写・複製・転訳載することは，著作者および出版者の権利を侵害することがご
ざいます。その場合には，あらかじめ小社に許諾を求めてください。
視覚障害などで活字のまま本書を活用できない人のために，非営利の場合にのみ「録音図書」「点字図書」
「拡大複写」などの製作を認めます。その場合には，小社までご連絡ください。

既刊書から

アジアで考え地域で考える　社会学の視点
橋本和孝著　四六判　本体 1800 円　4-938551-89-6
大学の現状から地域や地方あるいは働き方、さらにアジアとりわけベトナム社会へのまなざしなど。

シンガポール・ストリート　超近代都市を見つめて
橋本和孝著　四六判 186 頁　1600 円　9784863390256
超近代的な、ウルトラモダンな社会、シンガポールは、一つの未来社会の姿と言っても良い。
しかし、ウルトラモダンな社会の下で、人々がウルトラモダンな生き方を行っているという
わけではない。そこで、本書は、超近代都市国家シンガポールの社会的諸相を、そこに生き
る人びとを軸に多面的に描き出す。

縁の社会学　福祉社会学の視点から
橋本和孝編　A5 判　本体 2200 円　978-4863390447　13/06
本書では、「縁」というアジア的な広がりを有し、たんなる社会関係よりも深い、ある意味運
命論的な要素を含む、有意味な概念に着目し、現代社会を捉えることにしたい。現代社会の
分析に、概念の歴史的変遷を踏まえつつ、福祉社会学的な視点を導入する。その視点は、福
祉の社会学的な分析と福祉社会に関する研究という二重の視座で把握されるものである。

新版キーワード地域社会学
地域社会学会編　A5 判 vi ＋ 401 頁　2900 円 9784863390287　11/05
地域社会学会が文字通り総力を挙げて取り組んだ作品。「地域社会学」が対象とするキーワー
ドを 7 分野 153 項目セレクト。一項目を見開きにおさめ、地域社会学を俯瞰できるように工
夫されている。扱う内容は伝統的なイエ・ムラから環境・グローバリゼーションまで多岐に
わたり、今日的な課題に向き合える。

ストリートのコード
インナーシティの作法／暴力／まっとうな生き方
イライジャ・アンダーソン著　　田中研之輔・木村裕子訳
A5 判 358 頁 3400 円 9784863900331 12/04
現代アメリカの代表的エスノグラファーであるアンダーソンの主著、待望の翻訳。1 つの
フィールドを 10 数年かけて著差を行いインタビュー・参与観察など様々な方法を駆使して
フィラデルフィア黒人居住区の若者たちの「コード」を浮き彫りにする。

ストリート・ワイズ
人種／階層／変動にゆらぐ都市コミュニティに生きる人びとのコード
イライジャ・アンダーソン著　奥田道大・奥田啓子訳　A5 判　本体 2800 円
米国都市社会学の俊英の主著、待望の翻訳。アンダーソンは自らが居住する大都市の変遷する再
生コミュニティをフィールドに、都市に生きる人びとのコードである「臨床の知」「身体の知」と
もいうべき「ストリート・ワイズ」をすくいあげる。

ハーベスト社

既刊書から

街からの伝言板　次の地震に遭う人に、どんな伝言を残しますか
街からの伝言板プロジェクト編　A5 判●本体 1600 円　978-4863390812
東日本大震災で甚大な被害をうけた仙台市のさまざまな職業・立場の人びとが、自らの
経験をもとに次の被災者に向けて伝えたい伝言。

海が消えた　陸前高田と東日本大震災
宮沢賢治と大船渡線
佐藤竜一著　四六判●本体 1600 円　978-4863390690
東日本大震災で甚大な被害をうけた岩手県陸前高田市。陸前高田に生まれ、津波で多く
の親戚・知人・友人をなくした著者が、生者と死者の有り様をとおして陸前高田の今を
記憶にとどめる。

トランスナショナル・コミュニティ
場所形成とアイデンティティの都市社会学
広田康生・藤原法子著　A5 判●本体 3200 円　978-4863390713
グローバル化の時代、「トランスナショナル・コミュニティ」を描くことは国境を越えて移動
する人々と彼らに先行する定住者たちとの間で繰り広げられる、地域レベルでの日常的な政治
的、経済的、文化的実践を描くことでもある。フィールドにより下からの都市的世界を描いた
都市論の新たな地平。

ペットフレンドリーなコミュニティ
イヌとヒトの親密性・コミュニティ疫学試論
大倉健宏著　四六判●本体 2300 円　978-4863390720
ペットとヒトとの「親密性」に人とイヌとに共通する歯周病菌の感染調査、飼い主の生活調査、
ドッグパークでのルールなどからから迫る。米国での数次の調査を通してデータを集め、疫学
と社会調査を架橋する画期的な著作。

移民、宗教、故国　近現代ハワイにおける日系宗教の経験
高橋典史　著　A5 判　本体 3800 円
19 世紀後半から現代に至るハワイにおける日系宗教（既成仏教や新宗教教団）の組織・運動展開
とそこに関わってきた人びと、すなわち日系移民たちの意識や心情を、ハワイ・アメリカ社会の
状況だけでなく、祖国である日本との関係性のなかで検討する本書は、「移民と宗教」という今後
ますます重要となる今日的課題へ大きな貢献をはたしたといえるだろう。

人種接触の社会心理学　日本人移民をめぐって
J.F. スタイナー著／森本清美訳 A5 判　本体 2800 円　4-938551-90-X
スタイナー博士は米国の著名な社会学者で日本とも馴染み深かった。博士と親交深かった訳
者の手で 90 年前の著作が読めるようになったことは意義深い。内容も日米問題の原点ともい
うべき日本人移民を扱った第一級の研究である。

ハーベスト社

既刊書から

ホッピー文化論

ホッピー文化研究会編　四六判●本体 1200 円　978-4863390799

「ホッピー」という東京を中心にとりわけ下町で親しまれているビールににた炭酸清涼飲料水を 6 人の論者が真剣にいじり倒した論集。「ホッピーをめぐる研究を進めることで、現代社会における健康の価値や、ノスタルジーの力についての考察が深まる、だけではない。戦後日本における、人々の生き方の変容がよく見えてくる。平成の時代における、日本のサブカルチャーの転換に関する理解がぐっと深まってくる。あるいは、現代のツーリズム的な想像力の働きが見通せるようになり、さらには、人間とモノとのつながりという、現代人類学の根本的な問いの一つについての認識までもが深まってくるのである」（「まえがき」より）。

近現代日本の宗教変動　実証的宗教社会学の視座から

寺田喜朗・塚田穂高・川又俊則・小島伸之編著　A5 判●本体 3800 円 978-4863390782

本書作成には、宗教社会学という学問領域に関心を抱く人々へ、踏まえるべき研究史、研究テーマ、分析概念等といった〈ディシプリンとしての宗教社会学の共有財産〉を示し、その研究実践を通じてそれらの継承を図りたい、という企図があった。（中略）本書は、この構成を意識して、「宗教運動論の展開」「地域社会と宗教」「国家と宗教」という三部構成を採用し、ポスト・リーディングスの研究テクストとなることを目指したのである。

がんばること／がんばらないことの社会学
努力主義のゆくえ

大川清丈著　A5 判●本体 2200 円　978-4863390775

日本独自の能力平等感と努力万能主義が「誰でも頑張ればできるから頑張れ」という国民性につながる。「頑張らなくちゃ」／「そんなに頑張らなくてもいいよ」何気なく使われるこの言葉を切り口に日本社会の分析を試みる。

選択する力
バングラデシュ人女性によるロンドンとダッカの労働市場における意思決定

ナイラ・カビール著／遠藤環・青山和佳・韓載香＝訳 A5 判●本体 3600 円 978-4863390744

ダッカとロンドンという 2 つの都市を舞台に、労働市場に包摂される過程における バングラデシュ人女性たちの選択と制約、世帯内関係の変化の有無を描き出す。 より自由なはずのイギリスに移住した女性たちはむしろ、伝統的な文化的規範に縛られており、一方で規範の国バングラデシュに残った女性たちは 工場労働者になることで変化の契機を作り出していた。 この逆説を、詳細な現地調査と、経済学と社会学を架橋した理論的な中間的立場から明らかにする、古典的名著、待望の翻訳。

復刻版　吉里吉里語辞典 いとしく　おかしく　懐かしく

関谷徳夫 著・A 5 判　本体 4000 円　978-4863390423

岩手県大槌町は東日本大震災で多大な被害を受け、本書のもととなった私家版『私の吉里吉里語辞典』も津波によりそのほとんどが失われてしまったが、ボランティア学生が原本を発見。それをもとに入力作業を行い『復刻版 吉里吉里語辞典』として被災から二年目に刊行の運びとなった。単なる方言辞典にとどまらず、豊富な用例が当地の生活ぶり、人々の考え・生き方を生き生きとつたえ、読み物としても興味深いものとなっている。

ハーベスト社